Christina Weise

Zu Fuß durch LISSABON

12 Spaziergänge

Die Gesichter der STADT

Half Young Panda by Bordalo II

Liebe Stadtverliebte,

„Die beste Art zu reisen ist zu spüren“ schrieb Lissabons bekanntester Dichter Fernando Pessoa. Und wie können wir eine Stadt besser spüren, als uns zu Fuß durch ihre Straßen zu bewegen, auf ihren Plätzen zu verweilen und in ihren Parks zu entspannen?

Jede Woche mache ich mich mindestens einmal auf einen kürzeren oder längeren Spaziergang und entdecke immer wieder Neues in dieser sich ständig wandelnden Stadt. Nicht alle Veränderungen sind positiv, aber es entsteht auch **viel Spannendes** wie neue Kulturräume und zusätzliche grüne Orte. Lissabon ist keine einfache Spazierstadt mit den häufig von Löchern übersäten Gehwegen und den vielen Hügeln. Aber diese bieten großartige Ausblicke über die Stadt am Tejo – und das Wetter ist meist **herrlich spazierfreundlich.**

Ich habe mir Lissabon bewusst als Wahlheimat ausgesucht, mit seinem **bezaubernden Licht** und der Kombination aus Alt und Modern, Melancholie und Hoffnung, Urban und Natur. Diese Gegensätze, die hier ganz selbstverständlich nebeneinander existieren, werden uns auf den Spaziergängen begleiten. Wir kommen sowohl an Ruheoasen als auch an quirlige Orte, wechseln oft die Perspektive und entdecken **Geheimtipps,** die hier preiszugeben mir nicht leichtfiel.

Viel Freude beim Schlendern und Entdecken meiner Lieblingsstadt.

Ihre Christina Weise

1

Start: U-Bahn-Station Avenida, Avenida da Liberdade, 1250-144 Lissabon
Ziel: Jardim Olavo Bilac, Largo Necessidades, 1350-188 Lissabon
Länge: ca. 6,5 Kilometer
Dauer: ca. 2 Stunden
ÖPNV: Haltestelle Avenida; am Ziel: Haltestelle Largo Necessidades
Parken: Parque Restauradores Telpark by Empark, Praça dos Restauradores s/n, 1250-188 Lissabon, oder Parque Alexandre Herculano Telpark by Empark, Rua Mouzinho da Silveira, 1250-096 Lissabon

UNTERWEGS ENTDECKT

1. Jardim do Príncipe Real
2. Bettina Corallo (Schokoladengeschäft)
3. Jardim Botânico de Lisboa
4. Reservatório da Mãe d'Água (Wassermuseum)
5. Aqueduto das Águas Livres (Aquäduktbögen)
6. Kleinste Bibliothek der Stadt
7. Basílica da Estrela
8. Casa Fernando Pessoa
9. Mercado de Campo de Ourique
10. Cemitério dos Prazeres (Westfriedhof)
11. Estufa Dom Pedro V (Gewächshaus in der Tapada das Necessidades)

ESSEN + TRINKEN

Padaria São Roque, Rua Dom Pedro V 57, 1250-092 Lissabon (traditionelle Bäckerei mit beeindruckender Innenarchitektur)
Restaurante & Bar Lost In, Rua Dom Pedro V 56 d, 1250-094 Lissabon, Tel. +3 51 (91) 7 75 92 82, lostinrestaurante.com (gemütlicher Garten und großartige Aussicht)

PRÍNCIPE REAL BIS ESTRELA

Lissabons wunderschöne Gärten

Besonders an heißen Tagen sind sie eine Wohltat: die Gärten von Lissabon. Die meisten sind klein, manche liegen richtig versteckt, andere direkt an einem Sightseeing-Hotspot. Einige spenden Schatten und Ruhe, andere Shoppingglück und Livemusik. In vielen können wir am Wasser sitzen und in den meisten bieten Cafépavillons Getränke und kleine Snacks. Wir spazieren zu einem Platz, sechs Gärten – und einem Friedhof. Der überrascht auch mit seiner grandiosen Aussicht.

Nachdem wir zum Auftakt unseres Spaziergangs ein Stück die Prachtstraße Lissabons, die von Bäumen gesäumte **Avenida da Liberdade,** wo sich hochpreisige Bekleidungsläden aneinanderreihen, entlanggeschlendert sind, biegen wir neben einem Brautmodengeschäft rechts in eine kurze Straße ein. Sie führt uns hoch zu der ovalen **Praça da Alegria,** dem Platz der Heiterkeit. In dessen Mitte plätschert ein Springbrunnen, drum herum stehen exotische Bäume wie der wunderschön rot blühende Neuseeländische Weihnachtsbaum. Eine Büste von Alfredo Keil erinnert an den Komponisten der portugiesischen Nationalhymne, seit 2019 sind die Wege des Gartens ein Walk of Fame portugiesischer Theatergrößen. Bänke und die Stühle des Cafépavillons laden zum Verweilen ein. Tipp: Kundinnen und Kunden des Cafés dürfen die Toilette des benachbarten Hotels Alegria nutzen.

Praça da Alegria

Ausgeruht wagen wir den weiteren Aufstieg und laufen geradeaus die Rua da Mãe de Água hinauf. Sie führt uns zu einem quadratischen Gebäude aus Stein: einem ehemaligen Brunnen aus dem 18. Jahrhundert. Wir spazieren an

1 PRÍNCIPE REAL BIS ESTRELA

Jardim do Príncipe Real

den drei Hähnen des ehemaligen Brunnens vorbei, wo sich früher die Menschen des Viertels ihr Wasser geholt haben, nehmen die Treppen links und spazieren ganz hinauf bis in das Viertel **Príncipe Real.** Obwohl der erste Garten schon vor uns liegt, biegen wir nach links ab, denn hier können wir wunderbar Geschäfte gucken. Wir erreichen einen Laden mit orientalischer Kleidung und dahinter eine Einfahrt. Dort gehen wir hinein, denn hier befindet sich der Eingang des Restaurants **Lost In.** Wir setzen uns auf die Gartenterrasse unter die Bäume, bunte Windspiele wehen in den Zweigen, und wir blicken auf die Lissabonner Häuser, die sich vor uns gen Himmel recken. Im hier angebotenen Essen vereinen sich Orient und Mittelmeer auf wunderbare Weise. Toll sind die Tapasportionen zum Durchprobieren und Teilen.

Direkt gegenüber an der Straßenecke befindet sich eine der ältesten Bäckereien der Stadt: die **Padaria São Roque.** Alle Produkte sind aus eigener Herstellung, die Innenarchitektur ist im Jugendstil gehalten. Fotografieren ist leider nicht erlaubt, Naschen unbedingt. Gestärkt gehen wir zurück, vorbei an Boutiquen und Restaurants. Eine äußerst kuriose Bar ist auf der linken Straßenseite, **Pavilhão Chinês,** die sich hinter einer roten Holztür befindet. Auch hier: Fotografieren verboten, Staunen unvermeidbar. Die fünf Räume zeigen eine kuriose Sammlung Hunderter Figuren, Hüte, Puppen, Gemälde, Medaillen, Teekannen, Landkarten …

Kurz danach stehen wir wieder am 1 **Jardim do Príncipe Real.** Er ist einer der schönsten Gärten der Stadt mit zwei Cafépavillons, einem Café und einem Spielplatz, umgeben von sehenswerten Herrenhäusern. Dienstags und donnerstags ist hier Handarbeitsmarkt und samstags Wochenmarkt. Den Garten zieren mehrere sehr alte Bäume, wie drei Gummibäume, unter denen täglich Livemusik gespielt wird, und der älteste Baum der Stadt: eine Mexikanische Zypresse mit einem Baumkronendurchmesser von 25 Metern. Unter dem Platz befindet sich das Reservatório da Patriarcal, ein Wasserspeicher, der einst die tiefer liegenden Stadtteile versorgte. Heute kann man die Zisterne mit ihrem Gewölbe von 31 Säulen umsonst besuchen, eine unscheinbare Treppe führt hinunter.

Die Straße weiter bietet auf der rechten Seite das kleine Schokoladengeschäft 2 **Bettina Corallo** Souvenirs der anderen Art: Luxus-Schokoladenstücke. Im Laden riecht es wunderbar würzig-süß, hier bedienen und beraten Bettina

und ihre beiden Söhne. Die Familie Corallo besitzt eine Kakaoplantage auf der Insel Príncipe, im Laden wird aber vor allem Schokolade aus lateinamerikanischem Kakao angeboten. Ein Stück 75-prozentiger Schokolade mit Kakao-Nibs oder kandierten Ingwerstücken ist hier zwar etwas teurer, aber auch die perfekte Begleitung für den weiteren Spaziergang.

Schokolade von Bettina Corallo

Dieser führt uns bald darauf zum ③ **Jardim Botânico de Lisboa.** Wir atmen erst einmal tief durch. Hier herrscht Ruhe, hier ist es angenehm kühl, hier duftet es herrlich. Wir flanieren vorbei am großen Drachenbaum, durch die Palmenallee mit 35 verschiedenen Palmenarten, an Bananenstauden entlang, vorbei an Riesenkakteen und Monstera, schnuppern an Hibiskusblüten und seltenen Kräutern, betrachten Schmetterlinge. Rund 1500 Pflanzenarten aus allen Weltregionen beheimatet der Botanische Garten. Er wurde 1878 neben der ehemaligen Eliteschule Colégio dos Nobres gegründet, gehört heute zur Naturwissenschaftlichen Fakultät der Universität von Lissabon und zu den bedeutendsten seiner Art in Europa. In zwei Bereiche ist der Botanische Garten unterteilt – die Temperatur kann zwischen dem oberen und unteren Teil um 2 bis 3 Grad abweichen.

Nach dem Besuch des Gartens lohnt sich das daran angeschlossene **Museu Nacional de História Natural e da Ciência.** Es gibt ständige und wechselnde Ausstellungen verschiedener Wissenschaftsgebiete. Wir können das riesige Gebäude komplett erkunden und auch, wer kein Wissenschaftsfan ist, wird von dem Besuch beeindruckt sein. Wann können wir schon durch eine historische Fakultät streunen, die aussieht, als wäre hier gestern noch unterrichtet worden? Sonntags bis 13 Uhr ist der Eintritt für Garten und Museum frei.

Jardim Botânico de Lisboa

Wassermuseum

Wir verlassen das Museum über die breiten Treppen und gehen rechts die Straße weiter entlang bis zur viel befahrenen Kreuzung Rato. Hier geht es geradeaus weiter hinauf bis zum **Jardim das Amoreiras,** der direkt an der Endstation des Aquädukts von Lissabon liegt: dem 4 **Reservatório da Mãe d'Água** (Mutter des Wassers), heute das **Wassermuseum.** Von hier aus wurde das Wasser früher auf die Privathäuser der reichen Bürger und die öffentlichen Brunnen verteilt. Das 7 Meter tiefe kastenförmige Gebäude hat eine Kapazität von 550.000 Litern und ist immer noch mit Wasser gefüllt. Oft finden hier Konzerte und Kulturveranstaltungen statt, auch zu anderen Zeiten ist es für Besucher geöffnet. Auf dem Dach ist eine Aussichtsplattform. Entlang dem kleinen Park von Amoreiras erstrecken sich einige Bögen des 5 **Aqueduto das Águas Livres.** Tipp: In der Nähe der Endhaltestelle der Tramlinie 24 können wir das Aquädukt besteigen und ein Stückchen darauf spazieren. Dafür könnten wir an der Kreuzung Rato in die Bahn einsteigen.

Aqueduto das Águas Livres

Der Park ist im Sommer durch die vielen dicht wachsenden Bäume herrlich schattig, im Herbst regnet es um den Springbrunnen die leuchtend gelben Blätter der umliegenden Ginkgobäume. Hier befindet sich zudem die Stiftung **Fundação Arpad Szenes-Vieira da Silva** mit Museum. Es zeigt auf zwei Stockwerken über 80 Werke des Künstlerehepaars Maria Helena Vieira da Silva und Árpád Szenes, die zu den größten bildenden Künstlern des 20. Jahrhunderts zählten. Ihre Kunst war vom Surrealismus, dem Kubismus, von Matisse und Cézanne beeinflusst.

Zurück zur Kreuzung geht es leicht bergab, danach biegen wir in die breite Avenida Álvares Cabral ein und steuern auf den **Jardim Guerra Junqueiro** (besser bekannt als

Café im Jardim da Estrela

Jardim da Estrela) zu, einen der drei größten Gärten der Stadt. Vom Eingang laufen wir direkt auf den ältesten Musikpavillon Lissabons zu. An lauen Sommerabenden spielen hier Musikgruppen oder Salsapaare üben ihre Tanzschritte. Dahinter führen Wege in alle Richtungen durch den 57.000 Quadratmeter großen Park mit Ententeich, den auch Schwäne besuchen, Fußballplatz, zwei guten Cafés, Handwerksmarkt, abwechslungsreicher Vegetation und der 6 **kleinsten Bibliothek der Stadt.** Sie ist in einem winzigen Pavillon untergebracht und bietet Bücher in verschiedenen Sprachen zum Ausleihen und Tauschen. Vielleicht sieht man hier deswegen besonders viele lesende Parkbesucher auf den vielen Bänken im Schatten der Bäume oder auf den Grasflächen.

Kleinste Bibliothek der Stadt

Sie haben wir schon von Weitem gesehen und stehen nach dem Verlassen des Gartens direkt vor ihr: die strahlend weiße 7 **Basílica da Estrela.** Sie ist eine der bezauberndsten Kirchen der Stadt, innen verkleidet mit buntem Marmor und versehen mit einer beeindruckenden Kuppel. Tipp: Das Kirchendach ist begehbar. Errichten ließ die Kirche Königin Maria I. als Dank für die Geburt ihres Sohnes José, der allerdings noch vor der Fertigstellung starb. Immer sitzen Gläubige auf den Holzbänken oder zünden zu Füßen eines der vielen Heiligen Kerzen an.

Basílica da Estrela

Sobald wir die Kirchentür wieder öffnen, sind wir zurück im Stadtverkehr von Lissabon und überqueren die Straße zwischen ratternden Trams, lautstark diskutierenden Passanten und Baustellenlärm. Am Garten von Estrela entlang gehen wir an der nächsten Kreuzung links weiter hoch und kommen an der zweiten Querstraße links zur 8 **Casa Fernando Pessoa,** dem ehemaligen Wohnhaus des berühmten portugiesischen Schriftstellers. Hier befindet sich außer dem Museum auch ein Restaurant mit Café

FERNANDO PESSOA – MULTIPLE PERSÖNLICHKEIT

Er ist einer der bekanntesten Schriftsteller Portugals – und in Lissabon allgegenwärtig: ob als Statue vor dem von ihm damals viel frequentierten Café A Brasileira, als Scherenschnitt mit Hut, Brille und Fliege an Hauswänden und auf Bürgersteigen oder in Form seiner Zitate auf Postkarten, Jutebeuteln, T-Shirts und Prospekten. Sein Wohnhaus, in dem er seine letzten Lebensjahre von 1920 bis 1935 verbracht hat, ist heute ein modern gestaltetes Museum. Es ermöglicht einen Einblick in das weitgehend zurückgezogene Leben des verschrobenen Autors, in seine scharfsinnigen Gedankengänge und sein Werk. Pessoas Literatur ist nicht leicht zu lesen, aber unbestritten genial. 17 fiktive Autoren erfand der Schriftsteller, genannt Heteronyme. Er gab ihnen jeweils einen völlig eigenen Stil, eine eigene Biografie – und führte sogar Briefwechsel mit einigen von ihnen. Pessoa verdiente sein Geld als Fremdsprachensekretär für Handelsfirmen. So wurde zu seinen Lebzeiten kaum eines seiner zahlreichen Werke veröffentlicht – er verwahrte sie stattdessen in einer Truhe. Sein bekanntestes Werk, „Das Buch der Unruhe", erschien erst fünf Jahrzehnte nach seinem Tod.

und es gibt ein wechselndes Kulturprogramm wie Jazz auf der Restaurantterrasse im Sommer.

Von hier aus geht unser Spaziergang weiter zum nächsten Garten, dem kleinen Park des Viertels Campo de Ourique, dem **Jardim Teófilo Braga** (besser bekannt als Jardim da Parada). Hier können wir einen Eindruck davon gewinnen, wie es früher in allen Lissabonner Parks war: Kinder spielen am Ententeich, Senioren spielen Karten an den eigens dafür bereitgestellten Tischen mit Stühlen, ihre Frauen unterhalten sich auf den Parkbänken, Nachbarn treffen sich zwischen Einkäufen im Schatten der vielen Bäume. Es ist idyllisch und ruhig, wären da nicht die hier sehr tief fliegenden Flugzeuge. In ein paar Jahren könnte sich das Treiben im Viertel ändern, denn dann wird sich genau am Park eine Metrostation befinden.

Statue Fernando Pessoa

Vom Park aus zwei Ecken weiter liegt der 9 **Mercado de Campo de Ourique,** die Markthalle des Viertels. Sie ist eine von 27 Markthallen der Stadt, aber eine ganz besonders schöne im Art-déco-Ambiente der 1930er-Jahre mit guter Auswahl und entspannter Atmosphäre. Hier gibt es traditionelle Marktstände, Restaurants bieten außerdem an Ständen kleine Gerichte an. Der perfekte Ort, um einen geschmacklichen Eindruck der Stadt zu bekommen.

Gut gestärkt gehen wir weiter, nur die Straße herunter, vorbei an der Kirche **Igreja do Santo Condestável** bis zu einem weißen Eingangsbereich. Dahinter befindet sich der Westfriedhof von Lissabon, der 10 **Cemitério dos Prazeres.** Auf Deutsch heißt er Friedhof des Vergnügens, da hier früher Feste zur Totenehrung stattfanden – bis diese verboten wurden. Aber so komisch es klingt, der Besuch hier kann für Außenstehende tatsächlich immer noch vergnüglich oder zumindest interessant sein. Der Friedhof wurde während der Choleraepidemie 1833 angelegt und ist eine kleine Stadt für sich: ein Labyrinth aus beeindruckenden

Cemitério dos Prazeres

Tapada das Necessidades

Kakteengarten

Mausoleen, alle reich verziert und aus weißem Stein. Manche sind richtige kleine Paläste. Besonders bei bewölktem Wetter erinnert die Atmosphäre an Szenen aus Harry-Potter-Filmen. Wir spazieren durch die kleinen Gassen bis zum hinteren Teil des Friedhofs. Hier an der Mauer haben wir einen guten Blick auf die Ponte 25 de Abril.

Wir verlassen die Friedhofsmauern und biegen nach rechts ab. Eine Treppe führt uns bergab bis zur nächsten hellen Mauer. Wir sind am Nordeingang der **Tapada das Necessidades,** des ehemaligen Wildparks des portugiesischen Königshauses, der heute ein beliebter Ort für Picknicks und ausgedehnte Spaziergänge ist. Obwohl er viel Schatten bietet, drei Seen beheimatet und mit 10 Hektar über viel Platz verfügt, ist der Park ein echter Geheimtipp. Hier sind exotische Pflanzen zu bestaunen, etwa ein Drachenbaum, drei Johannisbrotbäume, neun Peruanische Pfefferbäume und ein Japanischer Schnurbaum. Der deutsche König Portugals, Fernando II., hat sie im 19. Jahrhundert anpflanzen lassen. An der Abzweigung nehmen wir den linken Weg bergab, denn der führt uns zu dem beeindruckenden **Kakteengarten.** Wir gehen vorbei an Riesenagaven, zwischen denen weiße Hühner gackern. Danach halten wir uns rechts, um das ehemalige runde Gewächshaus 11 **Estufa Dom Pedro V** mit seiner prächtigen Glaskuppel nicht zu verpassen. Leider ist es ungenutzt und einige Glasscheiben

Estufa Dom Pedro V

sind eingeschlagen. Im Hochsommer ist die große Grasfläche davor von der Sonne braun verbrannt. Viele Ecken im Garten sind verwildert und nicht gepflegt, versprühen dadurch aber einen verwunschenen Charme. Der See hier soll Édouard Manet zu seinem „Frühstück im Grünen" inspiriert haben. Aber Achtung vor den Gänsen! Ihr Sport ist es, Besucher in Angst und Schrecken zu versetzen, indem sie sie in der Gruppe lautstark verfolgen.

Wir gehen immer weiter bergab, bis wir am Haupteingang ankommen. Daneben befindet sich der **Palácio das Necessidades,** in dem heute das Außenministerium untergebracht ist und der nicht zugänglich für die Öffentlichkeit ist. Davor fahren Busse zurück zum Ausgangspunkt des Spaziergangs.

2

Start: U-Bahn-Station Alameda, Avenida Almirante Reis, 1000-049 Lissabon
Ziel: U-Bahn-Station Avenida, Avenida da Liberdade, 1250-144 Lissabon
Länge: ca. 6 Kilometer
Dauer: ca. 2,5 Stunden
ÖPNV: Haltestelle Alameda; am Ziel: Haltestelle Avenida
Parken: Parque Alameda Telpark by Empark,
Alameda Dom Afonso Henriques, 1000-125 Lissabon

UNTERWEGS ENTDECKT

1. Fonte Luminosa (Springbrunnen)
2. Mercado de Arroios
3. Fábrica dos Bolos do Chile (Kuchenfabrik)
4. Jardim do Caracol da Penha
5. Miradouro da Penha de França
6. Miradouro do Monte Agudo
7. Cortiço e Netos (Fliesengeschäft)
8. Schöne Kachelfassade
9. A Vida Portuguesa (Haushaltswarengeschäft)
10. Biblioteca de São Lázaro
11. Goethe-Institut
12. Momumento ao Doutor José Tomás de Sousa Martins
13. Jardim do Torel

ESSEN + TRINKEN

Portugália Cervejaria, Avenida Almirante Reis 117, 1150-014 Lissabon, Tel. +3 51 (21) 31 40 02, portugalia.pt (Brauhaus – eine Insitution in Lissabon, Spezialität: Steak in Portugáliasoße)
Brick Café, Rua de Moçambique 2, 1170-245 Lissabon, Tel. +3 51 (21) 8 13 09 26 (charmantes Café mitten im Viertel)
Josephine Bistrô & Bar, Largo do Intendente Pina Manique 59, 1100-285 Lissabon, Tel. +3 51 (21) 8 20 80 44, josephinebistro.pt (kleine Bar mit großer Terrasse; Getränke und große Portionen Snacks)

ARROIOS

Versteckte Schätze

Arroios ist einer der multikulturellsten Stadtteile Lissabons: Rund 40.000 Menschen aus 92 Ländern wohnen hier. Es herrscht eine gute Balance zwischen Tradition, Moderne und einer Verschmelzung verschiedener Kulturen. Wer eine andere Seite Lissabons kennenlernen möchte, ist hier genau richtig. Wir beginnen in Straßen, die von der Gentrifizierung noch unangetastet sind, und spazieren bis zu heute hippen Plätzen, auf denen vor 20 Jahren wohl niemand einen entspannten Abend mit Freunden verbracht hätte.

Der lang gestreckte Park an der breiten Avenida Almirante Reis bietet den Lissabonnerinnen und Lissabonnern Platz zum Fußballspielen und Picknicken und ist ein beliebter Treffpunkt. Wir spazieren rechts an den aktiven Grüppchen vorbei den halben Weg hinauf, immer im Blick den monumentalen Springbrunnen 1 **Fonte Luminosa.** Er ist der größte Brunnen der Stadt und wird abends beleuchtet. Der Brunnen von 1948 ist ein gutes Beispiel für den Baustil unter Portugals Diktator Salazar: eine konservative, schnörkellose, regelmäßige Bauweise. Er soll an den Bau des Tejokanals und die ununterbrochene Wasserversorgung der Stadt erinnern.

Fonte Luminosa

Wir gehen aber nicht ganz hinauf, sondern biegen auf halben Weg rechts in die Rua Rosa Damasceno ein, die uns zur Markthalle des Stadtteils führt, dem 2 **Mercado de Arroios.** Die denkmalgeschützte kreisrunde Halle wurde 1942 eingeweiht und später renoviert. Wie auf jedem Markt gibt es auch hier frische Lebensmittel, angepriesen von engagierten Verkäuferinnen und

Verkäufern. Von außen ist der Mercado mit Markisen übersät, denn hier hat ein Lokal neben dem nächsten seine Türen geöffnet, die Tische und Stühle davor laden ein, das Treiben des Viertels zu beobachten – noch nahezu touristenfrei. Zum Beispiel am **Pequeno Café e Bistrô,** wo vegetarische Speisen, Kaffee und Weißwein angeboten werden.

Wir spazieren auf der Avenida Almirante Reis weiter Richtung Süden. Sie ist eine der wenigen Lissabonner Straßen, die sich selbst treu geblieben sind. Auf 3 Kilometern Länge entführt sie uns in viele kleine unterschiedliche Welten. Hinter der Kreuzung treffen wir auf die 3 **Fábrica dos Bolos do Chile,** die Bäckerei und Konditorei Azevedo & Vidal. Tagsüber sehen wir nur eine unscheinbare schmale weiße Tür mit einfachem Schild, abends ist diese Tür geöffnet und herrliche Düfte strömen hinaus: Puddingtörtchen, Schweineöhrchen mit Schokolade, Berliner Ballen mit Cremefüllung, frisch gebackenes Brot. Eine steile Treppe führt direkt in den Keller des Hauses, hier befindet sich die Backstube. Diese kann man aber nicht betreten. Die Treppe endet vor einer Tür mit vergittertem Fenster und Durchreiche. Hier geben wir ab ungefähr 20 Uhr unsere Bestellung auf. 1978 wurde die Backfabrik gegründet und hat sich auf beliebtes portugiesisches Gebäck spezialisiert, das in den Regalen hinter der vergitterten Tür liegt. Wer nah an die Plexiglasscheibe herantritt, kann rechts den Bäckern zugucken. Um 6 Uhr wird der Fabrikverkauf geschlossen, nun werden die Leckereien in die Konditoreien und Bäckereien der Stadt ausgeliefert.

Mercado de Arroios

Ein Stückchen weiter auf derselben Straßenseite können wir tagsüber bis in die späten Abendstunden etwas ganz anderes genießen: das ein oder andere Bier. Die Brauerei **Portugália** begann mit einem kleinen Schankraum, heute ist es ein zweistöckiges Gebäude mit großen Sälen, verziert mit blau-weißen Kacheln. Hier herrscht Massenbetrieb, daher ist eher ein Bier vom Fass *(imperial* auf Portugiesisch) an der Theke mit einer Fleischkrokette zu empfehlen.

Nun verlassen wir die Verkehrsader des Stadtteils und wollen hoch hinaus – und ins Grüne. Das ist hier kaum vorstellbar, doch hinter den Häusern versteckt sich einer der neusten grünen Orte der Stadt: der Park 4 **Jardim do Caracol da Penha,** entstanden auf Druck der Anwohnerinnen und Anwohner mit dem dringenden Wunsch nach mehr Grün im sehr urbanen Viertel. Auch wenn uns direkt

Fábrica dos Bolos do Chile

Jardim do Caracol da Penha

am Eingangstor blühende Kräuter begrüßen, wirkt der Park auf den ersten Blick noch etwas trist. Die meisten Pflanzen brauchen noch mehr Zeit zu wachsen, wie die Obstbäume. Auf den zweiten Blick erkennen wir aber seinen besonderen Wert: Hübsche Hinterhöfe mit Zitronenbäumen grenzen an den Park, Vögel zwitschern, Familien aus der Nachbarschaft gärtnern im dafür vorgesehenen Gemeinschaftsgarten. So lernen die Kleinen mitten in der Stadt, etwa Tomaten anzubauen, zu pflegen und zu genießen. Kräuter und Kohl sind besonders häufig in den Beeten vertreten. Der Park ist etwa 1 Hektar groß und zieht sich terrassenartig weiter nach oben. So verteilen die Besucherinnen und Besucher sich auf die ganze Fläche und es gibt viel Platz für private Pläuschchen. In Zukunft sollen hier 250 Bäume Schatten spenden und einige Bänke ein grün bewachsenes Dach bekommen haben. Bald soll neben dem Basketballfeld und den sanitären Anlagen auch ein Cafépavillon Einzug halten.

Wir steigen weiter den Hügel hinauf und genau als wir uns nach einer Pause sehnen, gelangen wir zu einem Geheimtipp: dem unbekannten und sehr kleinen Aussichtspunkt 5 **Miradouro da Penha de França.** Es ist nur eine kleine Einkerbung, direkt an der wenig befahrenen Straße;

Blick vom Miradouro da Penha de França

Igreja da Nossa Senhora da Penha de França

zwei Bänke, denen jeweils ein Olivenbaum Schatten spendet, aber mit einer großartigen Aussicht, die man meistens für sich allein hat, da sie noch weit entfernt der touristischen Routen liegt. Wir blicken von hier aus auf den Tejo und die andere Flussseite sowie die historischen Stadtviertel, aber auch auf die andere, nichttouristische Seite der Stadt: die etwas außerhalb liegenden Stadtteile Chelas, Marvila und Olivais, wo viele Portugiesinnen und Portugiesen wohnen, da sie sich das Leben im Stadtzentrum nicht leisten können. Wer mag, kann sich hier voll im Selfiemodus austoben, ganz ohne Zuschauer. Nur einen Steinwurf entfernt steht die weiße Kirche **Igreja da Nossa Senhora da Penha de França,** die 1597 gebaut und beim Erdbeben von 1755 vollständig zerstört wurde. Das Marienbildnis soll die Katastrophe jedoch unversehrt überstanden haben.

Wir schlängeln uns an der Kirche vorbei und weiter ins Viertel hinein, gehen auf der gleichnamigen Straße, die sich in Kurven windet, geradeaus, bis wir an einer Gabelung die rechte Straße nehmen, um direkt noch einmal rechts einen kleinen Weg einzuschlagen. Er führt uns zu einem weiteren wenig bekannten Aussichtspunkt der Stadt. Dieser gilt als eines der gut gehüteten Geheimnisse der Anwohner. Da fällt es gar nicht so leicht, es hier zu lüften. Denn der 6 **Miradouro do Monte Agudo** ist zwar bei Anwohnern beliebt, wird von Touristinnen aber weitgehend außer Acht gelassen. Er liegt mitten im Wohnviertel, sehr versteckt hinter einer Schule. Geschaffen wurde der von Bäumen und Sträuchern umsäumte Platz in den 1950er-Jahren. Es gibt eine mit Kacheln verkleidete Bank mit Blätterdach und ein Café, das kühle Getränke und kleine Snacks anbietet. Hier lässt es sich wunderbar verweilen und die unbekannteren Stadtviertel Lissabons von oben beobachten. Nicht selten ist Musik zu hören, entweder aus mitgebrachten Boxen oder selbst gespielt auf Instrumenten. Menschen lesen, lernen, plauschen und rauschen auf Skateboards vorbei.

Wir verlassen den Platz auf der anderen Seite durch das Tor und steigen den Hügel hinab, vorbei an hübsch gekachelten Häusern, die sich ideal als Fotomotive im Sonnenlicht präsentieren. Nach kurzer Zeit treffen wir in der Rua de Moçambique auf das **Brick Café,** in dem London auf Lissabon trifft und wo es daher gute hauseigene Scones mit selbst gemachter Erdbeermarmelade gibt. Es werden auch traditionelle portugiesische Tellergerichte angeboten sowie Kaffeespezialitäten und Kuchen. Zwischen den azurblau gestrichenen Wänden und der Backsteinmauer herrscht eine angenehme familiär-nachbarschaftliche Atmosphäre.

Nun ist es an der Zeit für Souvenirs, und zwar solche von der schönen, langlebigen und einzigartigen Sorte. Dafür gehen wir an der nächsten Kreuzung rechts in die Rua Maria Andrade. Hinter der nächsten Ecke liegt das Fliesenge-

Blick vom Miradouro do Monte Agudo

Kachelfassade

schäft 7 **Cortiço e Netos.** Fein säuberlich sind alle Kacheln hier in Regalen geordnet, was den hellen Laden wie eine moderne Fliesenbibliothek wirken lässt. Die Enkel von Senhor Cortiço haben einen der größten Kachelbestände der Stadt geerbt – und verkaufen ihn nun. Ihr Großvater kaufte seit den 1960er-Jahren Bestände der Fabriken auf. Die meisten dieser Fabriken und Marken gibt es heute nicht mehr. Daher gilt es nun zuzuschlagen, solange diese Fliesen noch zu haben sind. Wer portugiesische Kacheln als Andenken mitnehmen möchte, sollte sie hier oder in einem der anderen Keramikläden kaufen und nicht auf dem Flohmarkt. Denn dort werden häufig Kacheln verkauft, die von Hauswänden geschlagen wurden. Aufgrund der Beliebtheit und hohen Nachfrage passiert das häufig.

Aber nicht hier: an einer der 8 **schönsten gekachelten Hausfassaden** der Stadt. Wir erreichen das Gebäude, indem wir kurz auf die Avenida Almirante Reis zurückkehren, um danach schräg links den Weg in die schmale Rua

BEEINDRUCKENDE KACHELKUNST

Überall in der Stadt sind sie zu sehen: an Hauswänden, U-Bahn-Stationen, Palästen. Die Azulejos. Das Wort stammt vom arabischen *al zulaique* ab, was mit „polierter Stein" übersetzt werden kann. Im 14./15. Jahrhundert gelangte die Kachelmalerei nach Portugal, im 17. Jahrhundert entwickelte sich ein portugiesischer Stil. Nirgendwo in Portugal gibt es so viele und auch so viele unterschiedliche Kacheln wie in Lissabon. Denn nach dem Erdbeben von 1755 stieg die Nachfrage rasant und die Massenproduktion begann. Mehr Informationen zur Geschichte der Kacheln und beeindruckende Exemplare gibt's im Fliesenmuseum Museu Nacional do Azulejo. Das liegt im ehemaligen Kloster Madre de Deus, südlich von Marvila.

dos Anjos einzuschlagen. Sie führt uns zum Largo do Intendente, an dessen Beginn das hübsch geflieste Haus liegt. Es wurde 1865 errichtet und war der Verkaufsraum der Fliesenfabrik Viúva Lamego, die es heute auch nicht mehr gibt. Daher die wunderschön verzierte Außenwand mit Pflanzen, asiatischen Figuren und hockenden Affen. Es lohnt sich, um die Ecke zu gehen und die andere Hausseite zu betrachten, auch sie ist wunderschön verziert, aber diesmal komplett in blau-weißen Kacheln. Perfekte Werbung für das ehemalige Geschäft.

Auch weitere Häuser am und um den Largo do Intendente sind sehenswert. Direkt neben dem üppig verzierten Haus führt ein kurzer Weg zu einem Eingang. Hier finden wir unser nächstes Shoppingglück: 9 **A Vida Portuguesa,** ein Geschäft mit portugiesischen Traditionsprodukten. Alles, was typisch portugiesisch und von guter Qualität ist,

A Vida Portuguesa

wird hier verkauft. Und das ist viel. Über 3000 Produkte aus dem ganzen Land werden angeboten, der Schwerpunkt liegt auf solchen, die schon lange bestehen und sich bewährt haben. Alltägliche Produkte aus den 1950er-Jahren bekommen hier neue Aufmerksamkeit – und sehen aus wie damals. Aber auch ohne dass wir hier Geld ausgeben, ist dieser Laden einen Besuch wert. Weil er so besonders ist. Wer ein authentisches Produkt aus Portugal mitnehmen möchte, wird hier fündig. Allerdings sind Kekse, Schokolade, Sardinen und Seife hier teurer als im Supermarkt.

Am Largo do Intendente

Nun sind wir auf dem populärsten Platz des Stadtteils, dem **Largo do Intendente** mit seinen kleinen Cafés und Bars. 2012 wurde der neu gestaltete Platz eingeweiht, davor war es eine No-go-Area. Platz und anliegende Straßen wurden von Prostitution, Drogenhandel und Kriminalität beherrscht. Das hat sich stark geändert. Viele Häuser wurden renoviert, immer mehr Kunstschaffende zog es hierher. Heute ist dieses Viertel nicht schick, aber angesagt, gerade weil sein alter Charme noch etwas geblieben ist. Das ändert sich allerdings langsam, denn immer weniger Einheimische und Kreativräume können sich die horrenden Mieten leisten – und müssen gehen. Die Bar **Josephine** bleibt, noch. Tagsüber ein ruhiger Ort zum Arbeiten mit WLAN, freundlichem Personal und einem guten Mittagsmenü. Abends der ideale Ort zum Anstoßen, Snacken und Die-Welt-Treffen. Denn nicht nur die Besitzer kommen von zwei verschiedenen Erdteilen und wohnen in der Nachbarschaft, auch das internationale Publikum des Viertels fühlt sich hier wohl. So gibt es Sprachenmix und Kulturaustausch gratis dazu. Die Preise sind im Lissabonner Vergleich super, Essen und Trinken auch.

Am eindrucksvollen Gebäude von 1908, das heute ein Hotel und Restaurant beheimatet, gegenüber überqueren wir die Avenida und spazieren leicht bergauf, bis wir rechts von uns ein gelbes Gebäude erblicken, davor einen eingezäunten Schulhof. Links befindet sich eine Grundschule, rechts die wohl schönste öffentliche Bibliothek Lissabons. Die **10** **Biblioteca de São Lázaro** ist die älteste Bibliothek der Stadt. 1883 wurde sie eröffnet. An der winzigen Rezeption führt links eine verglaste Flügeltür in den hübschen Lesesaal. Über dem sechseckigen Raum prangt ein großer Kronleuchter, an den Wänden stehen schwere Holzregale, eine Wendeltreppe führt zum Zwischengeschoss mit Galerie, auf dem sich weitere Büchervitrinen befinden. Viele Plätze gibt es nicht an den im Sechseck aufgestellten Holztischen, wer hier arbeiten möchte, sollte früh kommen.

Biblioteca de São Lázaro

Unser Weg führt uns links die Straße weiter hinauf, bis wir an der **Praça Campo dos Mártires da Pátria** ankommen, einem lang gezogenen Platz mit Café, Ententeich und vielen Bäumen, zwischen denen Hühner gackernd herumlaufen und Hähne krähen. Mitten in der Stadt! Gegenüber befinden sich die Deutsche Botschaft und das **11** **Goethe-Institut.** Das deutsche Kulturinstitut besitzt einen wunderschönen **Garten** hinter dem Gebäude, der eine kühle Ruheoase ist. Abseits vom Trubel der Stadt bieten verschiedenste Pflanzen Schatten, unter anderem der älteste Drachenbaum Lissabons. Die weiß-pinken Blüten des Hibiskus bringen etwas Farbe in das satte Grün. Überall stehen Tische und Stühle, es gibt Rückzugsmöglichkeiten oder Plätze für Gruppen unter Sonnenschirmen. Ein richtiger Wohlfühlort. Das Gartencafé bietet Getränke, süße Teilchen

Garten des Goethe-Instituts

und moderne Lunchgerichte mit deutschem Touch. Im Sommer finden hier abends Veranstaltungen statt, dann ist der Garten auch abends geöffnet. Sonntags ist das Goethe-Institut geschlossen.

Monumento Sousa Martins

Wieder auf der Straße, sehen wir rechts am Ende des Platzes das 12 **Monumento ao Doutor José Tomás de Sousa Martins,** das Fragen aufwirft. Denn am Fuß der Statue stapeln sich unzählige Votivtafeln und bis heute legen hier Menschen Blumen ab, stellen Kerzen auf und beten. Sie bitten um Gesundheit für sich oder Angehörige. Denn egal welches Leiden: Arzt Sousa Martins wird helfen. Nach seinem Tod wurde er zum Volksheiligen und 1904 errichtete man ihm dieses Denkmal. Zu seiner Zeit half er vor allem den am stärksten benachteiligten Menschen: Sie mussten für seine Sprechstunden nichts bezahlen und er gab ihnen das Geld für nötige Medikamente.

Wir lassen diesen Ort, den eine Mischung von Faszination, Wunderglaube, Traurigkeit und Hoffnung beherrscht, hinter uns und biegen in die Straße rechts davon ein. Der Bürgersteig ist durchbrochen von den dicken Wurzeln der Bäume, die sich ihren Weg nach oben erkämpft haben. Dahinter stehen herrschaftliche Stadtpaläste. Ein Tor führt aber nicht auf ein Privatgrundstück, sondern in einen öffentlichen Garten, den 13 **Jardim do Torel.** Mittlerweile hat sich sein Charme herumgesprochen und besonders nach Feierabend und am Wochenende ist der Garten am Ende des Hügels Sant'Ana gut besucht. Er bietet sich auch so wunderbar an, um den Blick über die Stadt schweifen zu lassen oder unter den Bäumen im Gras zu picknicken. Von hier sehen wir den gegenüberliegenden Aussichtspunkt São Pedro de Alcântara, die Bäume des Botanischen Gartens und der Avenida da Liberdade. Ganz links erhaschen wir auch einen Blick auf das Blau des Tejo.

Jardim do Torel

Nach unserer erholsamen Pause laufen wir nicht wieder durch das Eingangstor zurück, sondern durch das Törchen rechts und die Stufen hinunter. Hier befindet sich eine weitere **Aussichtsplattform,** die in einem ganz anderen Stil angelegt wurde. Kahl, ohne Pflanzen, dafür mit einem Pool, der besonders an heißen Tagen gut besucht ist und sogar zum Eintauchen begeistert genutzt wird, ist es doch der einzige Brunnen, in dem Schwimmen zwar vielleicht nicht erlaubt ist, aber geduldet wird. Nach einer Abkühlung gehen wir weiter die Treppen hinunter, vorbei an dem Gebäude einer Grundschule, bis wir an den letzten Treppenstufen durch ein Tor auf die Rua do Telhal treten. Nun geht es bergab, immer geradeaus, bis wir auf Lissabons Prachtstraße **Avenida da Liberdade** treffen, wo uns die Metro zum Ausgangspunkt bringen kann.

3

Start: U-Bahn-Station Campo Pequeno, 1050-196 Lissabon
Ziel: Praça do Comércio, 1100-148 Lissabon
Länge: ca. 6,5 Kilometer
Dauer: ca. 2 Stunden
ÖPNV: Haltestelle Campo Pequeno; am Ziel: Haltestelle Terreiro do Paço
Parken: Estacionamento do Campo Pequeno, 1000-078 Lissabon

UNTERWEGS ENTDECKT

1. Campo Pequeno
2. Biblioteca Palácio Galveias
3. Fundação Calouste Gulbenkian
4. Miradouro Parque Eduardo VII (Aussichtspunkt)
5. Estufa Fria (Gewächshaus)
6. Avenida da Liberdade
7. Casa do Alentejo
8. Mar Largo (Wellenmosaik)
9. Elevador de Santa Justa
10. Retrosaria Bijou (Kurzwarenladen)
11. Arco da Rua Augusta (Triumphbogen)
12. Cais das Colunas

ESSEN + TRINKEN

Restaurante Leitaria da Anunciada, Largo da Anunciada 1, 1250-048 Lissabon, Tel. +3 51 (21) 3 42 44 17 (gute portugiesische Küche in familiärer Atmosphäre)
Bar Ginjinha Sem Rival, Rua das Portas de Santo Antão 7, 1150-264 Lissabon (Lissabons typischer Kirschlikör)
Confeitaria Nacional, Praça da Figueira 18 b, 1100-241 Lissabon, Tel. +3 51 (21) 3 42 44 70, confeitarianacional.com (eine der ältesten Konditoreien Portugals mit beeindruckender Innenarchitektur, berühmt für den Königskuchen Bolo Rei zu Weihnachten)

AVENIDAS NOVAS BIS TEJO

Lissabons Gegensätze

Lissabon ist eine Stadt der Gegensätze: ruhig und hektisch, urban und grün, verfallen und prächtig, international und traditionell, modern und historisch. Auf diesem Spaziergang springen wir zwischen den Zeiten und Kontrasten. Wir tauchen ein in die Geschichte des Stierkampfs, in literarische Welten, Räume voller Kunst und Oasen verschiedenster Art. Wir verlieren uns auf großen Plätzen, besichtigen Kirchen und Museen und flanieren über die Prachtstraße durch den Triumphbogen bis zum Fluss. Dabei geht es fast die ganze Zeit geradeaus, von Nord nach Süd, und das Beste: fast ausschließlich bergab.

Wir beginnen unseren Spaziergang direkt mit dem größten Kontrast: auf dem quadratischen Platz 1 **Campo Pequeno** mit der runden Stierkampfarena. Das verspielte pseudomaurische Gebäude scheint so gar nicht nach Lissabon zu passen. Eine halbe Million rote Ziegelsteine verkleiden das Gebäude, die vier Türme mit den Zwiebelkuppeln sind nach den vier Himmelsrichtungen ausgerichtet, viele Bogenfenster im arabischen Stil reihen sich aneinander. 1892 wurde sie eröffnet und noch heute finden hier Stierkämpfe statt – immerhin ohne die Tötung der Stiere. Häufiger noch wird die überdachte Arena als Veranstaltungsort für Shows und Konzerte genutzt. Bis zu 10.000 Menschen haben hier Platz. Zudem kann man sich in einem Museum über die Geschichte des portugiesischen Stierkampfs informieren und Führungen durch die Arena mitmachen. Im Erdgeschoss sind Restaurants, im Untergeschoss ein Einkaufszentrum mit Kino.

Campo Pequeno

Bibliotheksgarten

Auf der gegenüberliegenden Straßenseite befindet sich eine viel unscheinbarere Sehenswürdigkeit: eine der schönsten **Bibliotheken** der Stadt im 2 **Palácio Galveias.** Der Adelspalast wurde Ende des 17. Jahrhunderts gebaut und diente als Landhaus – heute unvorstellbar zwischen den Hochhäusern –, bis 1931 die Bücher einzogen. Hier beeindrucken die Marmordecken, der Holzfußboden und die blau-weißen Kacheln. Zwischen den Bücherregalen stehen in jedem Raum Tische. Jeder kann einfach eintreten, sich hinsetzen und lesen, lernen, schreiben. Im Obergeschoss gibt es einen großen Balkon, von dem aus wir nach links einen guten Blick auf das Gebäude der portugiesischen Sparkasse Caixa Geral de Depósitos und deren Kulturstiftung **Culturgest** haben, das mit seinem weißen Granit an eine gigantische Akropolis erinnert. Die Stiftung gehört zu den wichtigsten privaten Institutionen des portugiesischen Kulturbetriebs, hier finden Konzerte, Tanz- und Theateraufführ-

Garten der Fundação Calouste Gulbenkian

rungen, Ausstellungen und Filmvorführungen statt. Außerdem blicken wir vor uns auf den **Bibliotheksgarten** mit Rasenfläche und Cafépavillon.

Wir verlassen den Garten durch das Tor und gehen nach rechts durch das Viertel, vorbei an Cafés und Restaurants. Wer mag, wirft einen Blick in die Kirche **Igreja Nossa Senhora do Rosário de Fátima** mit ihren schönen Glasfenstern des portugiesischen Künstlers José Sobral de Almada Negreiros. Ein paar Hundert Meter hinter der Kirche treffen wir auf eine Mauer. Dahinter verbirgt sich in zwei Gebäuden und einem 7,5 Hektar großen Garten die Verbindung von Kunst und Natur. Der Garten gehört zu den schönsten und abwechslungsreichsten Lissabons. Wir sind bei der Stiftung 3 **Fundação Calouste Gulbenkian** angekommen. Pfade

mit Rindenmulch, mit Kies ausgelegte Wege und Steinplatten auf Gras führen unter Palmen hindurch, hinter Büschen entlang, an Wasserläufen vorbei. Die Wege sind verschlungen, es gibt viele Rückzugsmöglichkeiten, 230 Pflanzenarten – und zahlreiche Enten. Dazwischen Kunstobjekte, ein Amphitheater, ein Café und zwei Museen, die zu den wichtigsten und beliebtesten Kunsträumen der Stadt zählen. Sie zeigen zum einen eine umfassende Sammlung von Werken von 2800 v. Chr. bis zur Mitte des 19. Jahrhunderts – besonders östliche Kunstwerke und europäische Meister wie Rembrandt, Monet und Rodin. Zum anderen ist hier das Zentrum für moderne Kunst mit zeitgenössischen portugiesischen Werken von Almada Negreiros, Paula Rego oder Vieira da Silva. Hinzu kommen wechselnde temporäre Ausstellungen sowie Konzerte und Lesungen.

Linha d'Água

Wir verlassen den Garten beim Zentrum für moderne Kunst und laufen auf das große Warenhaus der spanischen Kette El Corte Inglés zu. Hier gehen wir rechts die Straße hinauf, um kurz darauf Treppen hoch in den nächsten Park zu nehmen. Dann stehen wir direkt im Lokal **Linha d'Água.** Trotz der großen Straße im Rücken stellt sich sofort Entspannung ein. Wir lassen uns in einem der Liegestühle am Wasser nieder, gönnen uns ein Stückchen Schoko-Limetten-Tarte mit einem kühlen Getränk und entspannen die Füße im wohltuenden Nass.

Ausgeruht und abgekühlt gehen wir den Hügel hinter dem Café weiter hoch, durchqueren den kleinen Park Jardim Amália Rodrigues und haben hier schon eine gute Aussicht auf die Stadt zu unseren Füßen. Am 4 **Miradouro Parque Eduardo VII** lassen sich zu jeder Tageszeit hübsche Fotos schießen, wir blicken hier bis zur anderen Flussuferseite. Zwischen zwei großen Säulen steht hier ein umstrittenes Denkmal zum Gedenken an die Nelkenrevolution 1974. Darunter breitet sich eine 650 Meter lange und mit Buchs-

Blick vom Miradouro Parque Eduardo VII

bäumen verzierte Allee aus. Wir nehmen den breiten Weg rechts davon und spazieren bis zur 5 **Estufa Fria,** einem großen, aufwendig gestalteten Gewächshaus mit tropischen Pflanzen, Seen und verschiedenen Tieren. Es riecht nach feuchter Erde, wir blicken auf sattes Grün und fühlen uns wie im tropischen Regenwald. Wir sind an einem der grünsten Orte der Stadt, dessen Name übrigens etwas irreführend ist: *Estufa fria* bedeutet „kaltes Gewächshaus", hier stehen aber drei Gewächshäuser, die ineinander übergehen – das kalte, das heiße und das liebliche. In diesen werden Pflanzen aus verschiedenen Klimazonen der Welt gepflegt, das größte Gewächshaus ist das kalte. Kalt, weil es nicht beheizt ist. Aber da es nach Süden ausgerichtet ist und es in Lissabon selten richtig kalt wird, können hier Pflanzen aus Brasilien, China, Australien und Mexiko gut wachsen, etwa Kamelien, Monstera, Rhododendren und Farne. Nach einem zusätzlichen Spaziergang hier drinnen fühlen wir uns nicht erschöpft, sondern im Gegenteil sehr erholt.

Estufa Fria

So geht unser Abstieg in Richtung Lissabonner Innenstadt motiviert weiter: immer geradeaus, über den Kreisverkehr **Praça Marquês de Pombal** hinweg, das verkehrstechnische Herz der Stadt. Hier scheint der Marquês de Pombal von der Säule auf sein Lebenswerk zu schauen: die unter seiner Leitung nach dem Erdbeben von 1755 wieder aufgebaute Unterstadt Baixa. Dahin führt uns die 6 **Avenida da Liberdade,** Lissabons Prachtstraße. 100 Meter breit, 1,3 Kilometer lang. Sieben Fahrstreifen, zwei Grünstreifen. Hier können wir zwischen Brunnen und Cafés flanieren, die schönen Mosaike aus Pflastersteinen bewundern und Schaufenster gucken. Wir kommen vorbei an Statuen und sehenswerten Gebäuden, wie dem Cinema São Jorge, das nur noch für Veranstaltungen genutzt wird, und dem Teatro Tivoli.

Avenida da Liberdade

Die Allee endet am Obelisken des Platzes der Erneuerer, Praça dos Restauradores. Wir biegen kurz vorher links ein. Am Ende der kleinen Straße befindet sich eine Standseilbahn, die den Hügel hinaufführt. Kurz davor ist das Restaurant **Leitaria da Anunciada.** Hier gibt es gute traditionelle portugiesische Küche in familiärer Atmosphäre. Dahinter rechts gehen wir eine schmale Straße entlang, an Lissabons Kolosseum vorbei, öffnen links eine dunkelgrüne Holztür – und sind plötzlich im Orient. Vor uns breitet sich ein arabi-

Casa do Alentejo

scher Innenhof aus: Palmen, Mosaikfliesen, orientalische Bögen, Balkone, Säulen, Ornamente. Unten rechts befindet sich ein weiterer, viel einfacherer und kleinerer Innenhof. Er gehört zur Taverne und ist Anlaufstelle für Menschen aus dem Alentejo, Portugals größter Region im Süden des Landes, deren Gerichte und Weine im ganzen Land beliebt sind. Seit 1939 ist dieses Gebäude die 7 **Casa do Alentejo** und ein Ort der Kulturvermittlung. Nicht selten kehren hier Gruppen ein und tragen ihre traditionellen Lieder vor.

Wir haben nun die Unterstadt erreicht und kommen aus dem Schlemmen nicht mehr heraus. Kurz hinter dem versteckten Schatz aus „Tausendundeiner Nacht" sehen wir Menschen auf der Straße an Stehtischen aus Schnapsgläsern trinken. Hier bekommen wir Lissabons typisches Getränk: Ginjinha. Ein süßer Likör aus Sauerkirschen, Brandy, Zucker und Zimt – und eingelegter Kirsche. Die Bar **Ginjinha Sem Rival** ist winzig, wunderbar traditionell-altmodisch, schon seit 1840 geöffnet und bis heute in Familienbesitz. Wir bekommen den Kirschlikör in Schnapsgläsern, aber auch Flaschen in verschiedenen Größen als Mitbringsel für Daheimgebliebene oder als gaumenfreudige Erinnerung an den Aufenthalt in Lissabon.

Praça do Rossio

Nach dem kleinen Gläschen brauchen wir eine kleine Stärkung. Dafür gehen wir zwischen dem prächtigen Nationaltheater Dona Maria II. und der Kirche São Domingos zur **Praça do Rossio.** Der Platz beeindruckt mit seinem schwarz-weißen Wellenmosaik, dem Kunstwerk 8 **Mar Largo,** Weites Meer, bei dem die Wellen an der Copacabana nachempfunden sind. Das Theater im Rücken, erblicken wir rechts oben die Bögen des Klosters Carmo und links die Festung São Jorge. Wir laufen an den Springbrunnen vorbei zur benachbarten **Praça da Figueira** und direkt auf die **Confeitaria Nacional** zu, eine

Confeitaria Nacional

der ältesten Konditoreien Portugals. Hier wurde zum ersten Mal der Königskuchen Bolo Rei hergestellt: ein ringförmiger Kuchen mit Fruchtstücken und Nüssen, der zu jedem portugiesischen Weihnachtsfest gehört und für den die Konditorei beliebt und berühmt ist. Außerdem für ihr royales Flair durch die beeindruckende Innenausstattung mit großen Spiegeln, geschwungenem Holz, ausladenden Vitrinen – und aufgrund ihrer Geschichte: Sie war Lieferantin des Königshofs.

Wir gehen ein Stück zurück und biegen mit gezuckerten Lippen auf die Rua Augusta ein, das Zentrum der Fußgängerzone. In der ersten Querstraße rechts entdecken wir den 9 **Elevador de Santa Justa.** Der Aufzug mit seiner einzigartigen Stahlkonstruktion wurde von dem portugiesischen Ingenieur Raoul Mesnier du Ponsard geschaffen, einem Schüler von Gustave Eiffel. Es lohnt sich allerdings nicht, in der Warteschlange Zeit zu verlieren.

DAS PORTUGIESISCHE STRASSENPFLASTER

Fische, Anker, Segelboote, Blumen, Ornamente oder einfach nur viele kleine weiße Steine: Portugal wäre nicht dasselbe ohne sein Straßenpflaster. Das Handwerk des Pflasterers reicht bis ins 15. Jahrhundert zurück. Die berühmte Calçada Portuguesa können wir in allen Städten bewundern. Entstanden ist die Straßenkunst der schwarz-weißen Mosaike aus Kalkstein in Lissabon, um den Warentransport vom oder zum Schiff zu erleichtern und zu beschleunigen. Die ersten Pflasterer waren Gefangene, später entstand in der Hauptstadt eine Schule eigens für dieses Handwerk. Zu dessen Ehren steht an der Praça dos Restauradores eine Statue zweier Pflasterer.

Das wunderschöne Pflaster hat aber auch Tücken! Bei Regen verwandeln sich die glatten Steine in eine Rutschbahn. Nicht selten sind Steine lose oder ganz verschwunden, sodass Löcher und Stolperfallen entstehen. Daher werden in immer mehr ursprünglich komplett weiß gepflasterte Bürgersteine graue Steine aus Granit gemischt, denn die geben Halt.

Elevador de Santa Justa

Wer die Aussicht oben an der Plattform des Aufzugs genießen möchte, geht hinter dem Aufzug die Straße hinauf. Hier erreicht man nicht nur dessen „Bergstation", sondern auch den hübschen und geschichtsträchtigen Platz Largo do Carmo mit Kloster.

Für uns geht es aber weiter geradeaus auf dem kunstvollen Mosaikpflaster der Rua Augusta, den Triumphbogen vor uns immer im Blick. Heute ist die Einkaufsstraße von Geschäften großer Marken bestimmt, in den Seitenstraßen finden sich aber noch vereinzelt historische Läden, wie Hut-, Krawatten- und Stoffgeschäfte. Vor allem in der Rua da

Conceição. Zum Beispiel der Kurzwarenladen ⑩ **Retrosaria Bijou.** Er wurde 1915 eröffnet und hat eine besondere Fassade: eine in Blautönen gehaltene Mischung aus Jugendstil und Rokoko. Innen stecken die alten Holzregale, schmalen Schubladen und Setzkästen voller Knöpfe, Wolle sowie Verschlüsse aller Art. Vielleicht findet sich darunter ja ein hübsches Erinnerungsstück, wie ein Lissabon-Aufnäher.

Retrosaria Bijou

Der Triumphbogen ⑪ **Arco da Rua Augusta** ein Stückchen weiter ist das Tor zur ausladenden Praça do Comércio und dem Ufer des Tejo. Es ist nicht nur beeindruckend, den Bogen zu passieren und durch die daran anschließenden Galerien zu schlendern, wir können ihn auch besteigen. Von oben bietet sich ein guter Blick auf die ablegenden Fähren und die andere Flussseite sowie auf das Treiben auf dem Platz. Die **Praça do Comércio** wird oft als schönster Platz Lissabons genannt und als größter Europas gehandelt. Diente sie eine Zeit lang als Parkplatz, ist die Fläche nun frei und wird für Konzerte und Kundgebungen genutzt. In den Gebäuden mit prächtigen Arkadengängen an drei seiner Seiten sind unter anderem Ministerien und der Oberste Gerichtshof untergebracht. Bis zum Erdbeben von 1755 stand an der Westseite der Königspalast.

Dort, wo der Platz am Fluss Tejo endet, bietet sich rechts eine wunderschöne Aussicht auf die Brücke und die Christusstatue, besonders bei Sonnenuntergang. Hier am ⑫ **Cais das Colunas,** der alten Anlegestelle zwischen zwei Säulen, lässt es sich wunderbar verweilen. Bei Ebbe erscheint ein kleiner Strand und die Stufen des Piers laden zum Sitzen direkt am Wasser ein. Wer nun am Fluss spazieren möchte, findet in beide Richtungen Sitzgelegenheiten und Lokale am Wasser. Wer zurück zum Ausgangspunkt möchte, nimmt direkt neben dem Cais das Colunas an der Station Terreiro do Paço die U-Bahn.

Cais das Colunas

4

Start: U-Bahn-Station Rato, Largo do Rato, 1250-012 Lissabon
Ziel: Praça Luís de Camões, Largo Luís de Camões, 1200-243 Lissabon
Länge: ca. 5 Kilometer
Dauer: ca. 2,5 Stunden
ÖPNV: Haltestelle Rato; am Ziel: Haltestelle Praça Luís de Camões
Parken: Parque Largo do Rato Telpark by Empark,
Rua da Escola Politécnica 217, 1250-101 Lissabon

UNTERWEGS ENTDECKT

1. Centro Cultural de Cabo Verde
2. Antiquitätenläden
3. Garten der Casa de Amália Rodrigues
4. Praça das Flores
5. Palácio de São Bento (Parlamentspalast)
6. Fassade der Casa do Visconde de Sacavém
7. Museu Nacional de Arte Antiga
8. Green Street
9. Companhia Portuguesa do Chá (Teeladen)
10. Lokale Läden
11. Miradouro de Santa Catarina
12. Ascensor da Bica

ESSEN + TRINKEN

Gelateria Nannarella, Rua Nova da Piedade 64 a, 1200-299 Lissabon, Tel. +3 51 (92) 6 87 85 53, nannarella.pt (italienisches Eis aus regionalen Produkten)
Café La Boulangerie, Rua do Olival 42, 1200-742 Lissabon, Tel. +3 51 (21) 3 95 12 08, laboulangerie.pt (leckere Croissants an einem schönen Platz)
Restaurante Cafeh Tehran, Praça das Flores 40, 1200-192 Lissabon (kleines Restaurant an einem gemütlichen Platz mit orientalischer Küche)

LAPA, MADRAGOA, SANTOS

Staunen, schlemmen, shoppen

Dieser Spaziergang führt uns zum Teil in einen von Touristinnen und Touristen bisher eher unbeachteten Teil Lissabons, was ihn nicht weniger sehenswert macht. Im Gegenteil! Wir schlendern durch entzückende Gassen, vorbei an noblen Häusern, entdecken Innenhöfe, gutes Essen und besondere Erinnerungsstücke. Dabei geht es häufig ganz schön bergauf und bergab – echtes Lissabonner Spaziergefühl mitten in charmanten Wohnvierteln, die sich teils vornehm, teils idyllisch-vergessen präsentieren.

Wir beginnen an einem lauten Ort: Die Kreuzung Rato ist einer der Verkehrsknotenpunkte der Lissabonner Innenstadt. Zusammen mit Autos, Bussen und Motorrollern führt uns der Weg die lange Rua de São Bento hinunter. Nach wenigen Metern blicken wir links auf ein riesiges Graffito an einer Hauswand, es zeigt musizierende Frauen. Hier befindet sich das 1 **Centro Cultural de Cabo Verde.** Auf drei Etagen werden Werke kapverdischer Kunstschaffender ausgestellt, im Untergeschoss lädt das Bistro mit kleiner Terrasse zum Probieren kapverdischer Speisen ein.

Centro Cultural de Cabo Verde

Nach unserem Kurztrip nach Afrika setzen wir wieder Fuß auf die Rua de São Bento, die bekannt ist für ihre 2 **Antiquitätenläden.** Leider können sich immer weniger von ihnen halten, aber diese zeigen seit vielen Jahren ihre Waren in großen Schaufenstern und vor hohen Holztüren ausgestellt. Dort, wo früher einmal Antiquitäten verkauft wurden, befinden sich heute teilweise Kunstgalerien und Restaurants. Zwischen alldem steht ein gelbes Haus: das **Wohnhaus von Amália Rodrigues,** der größten Fadosängerin aller Zeiten. Die Ausstellung im Inneren ist aber nur etwas für begeisterte Fadofans. Doch der schattige ③ **Garten** lädt zum Verweilen und Fadohören ein. Hier finden an drei Nachmittagen in der Woche Fadokonzerte statt, die immer gut besucht sind. Fado unter freiem Himmel ist ein ganz besonderes Erlebnis.

Antiquitätenladen

Ausstellung Amália Rodrigues

Ein Stückchen weiter die Straße hinunter treffen wir auf den ehemaligen Markt von São Bento, in dessen Halle sich heute einige Imbissbuden befinden. Wir gehen in die Rua Nova da Piedade und finden direkt links Lissabons wohl beste Eisdiele **Nannarella.** Das typisch italienische Eis wird nach traditionellen Rezepten selbst hergestellt. Die Inhaberin, Constanza Ventura aus Rom, achtet darauf, dass alle Zutaten so regional wie möglich sind. Mit unseren Lieblingseissorten in der Hand spazieren wir die Straße weiter hinunter, bis wir auf den vielleicht charmantesten Platz Lissabons stoßen, die ④ **Praça das Flores.** Dort treffen Lissabonnerinnen auf Expats, Alt auf Jung und Nachbarn auf Touristinnen. Rund um den Springbrunnen befinden sich neun Essensgelegenheiten, eine davon das **Cafeh Tehran.** Hier sitzen wir am liebsten draußen auf dem Bürgersteig und bestellen farbenfrohe Gerichte der iranischen Küche mit Einflüssen aus Syrien und der Türkei, wie Rote-Beete-Hummus mit orientalischer Focaccia und iranische Tomatensuppe mit oder ohne Lammfleischbällchen.

Fröhlich verlassen wir den Platz an der gegenüberliegenden Seite und spazieren über die Rua da Palmeira durch das hübsche Wohnviertel. Die dritte Querstraße, die Travessa da Palmeira, rechts hinunter gehen wir langsam immer weiter bergab. Wir stoßen auf die Rua Quintinha und folgen ihr nach links, bis wir am Ende der Treppenstufen Travessa da Arrochela den weißen 5 **Palácio de São Bento** erblicken. Der Parlamentspalast ist ein prachtvolles Gebäude mit beeindruckenden Säulen und einem breiten Treppenaufgang. Bis er ein Regierungsgebäude wurde, war er unter anderem Kloster, Gefängnis und Militärakademie. Heute finden sich darin der Plenarsaal, mehr als 4900 Kunstwerke und eine eindrucksvolle Bibliothek. Dahinter liegt der Amtssitz des Premierministers mit einem **Garten** im französischen Stil, der an den Palácio de São Bento grenzt. Dieser Garten kann jeden Sonntag besichtigt werden – umsonst.

Eis von Nannarella

Praça das Flores

Dort kommen wir vorbei, wenn wir in die gegenüberliegende Seitenstraße, die Rua Almeida Brandão, abzweigen und direkt links die Rua Miguel Lupi hinuntergehen, um ins Viertel einzutauchen. Wir spazieren wieder rechts und dann in Schlangenlinien zur Rua Jorge Alves, an deren Ende wir rechts, links in die Rua das Praças einbiegen. Ab und zu ein Blick nach links in die Seitenstraßen lohnt sich: Hier liegen uns das Viertel **Lapa** und an seinem Ende der blaue Fluss zu Füßen. Es ist ein ruhiges Wohnviertel, vor allem durch kleine Straßen fahren kaum Autos. An einigen Straßenecken stehen Bänke, umgeben von blühenden Bäumchen in Töpfen. Der Blick fällt ins Weite. Kleine Cafés in unmittelbarer Nähe bieten süße Teilchen und Kaffee. Hier lässt es sich wunderbar flanieren und dabei die prächtigen Häuser bewundern, denn wir befinden uns in einem der vornehmsten Viertel der Stadt, in dem viele Diplomaten wohnen und Botschaften untergebracht sind.

Cafeh Tehran

Palácio de São Bento

Wir stoßen auf die Rua de São Domingos, die wir rechts hochgehen, um direkt links in die Rua do Sacramento à Lapa einzubiegen. Hier reiht sich eine Botschaft an die andere. Viele haben wunderschöne Gärten, die aber leider nicht zur Besichtigung geöffnet sind. Ein echter Hingucker ist die 6 **Fassade der Casa do Visconde de Sacavém.** Das Herrenhaus gehörte einem Keramiker, der die auffälligen Reliefkacheln um 1900 an den Fenstern selbst fertigte. Inspiriert vom portugiesischen Keramikkünstler Rafael Bordalo Pinheiro, entstanden Blüten, Blätter und Ornamente. An den Ecken sehen wir farbig glasierte Kugeln. Damals fand die bunte Mischung aus Farben, Stilen und Techniken nicht überall Anklang. Heute begeistert sie diejenigen, die sie mitten auf der Rua do Sacramento à Lapa entdecken.

Largo Dr. José Figueiredo

Dieses Viertel eignet sich nicht zum Shoppen, gibt es hier so gut wie keine Geschäfte. Aber zum Schlemmen. Die Nachbarschaft verlangt gutes Essen, und so finden sich hier großartige Restaurants. Die Rua do Pau de Bandeira führt uns dorthin. Es geht bergab und dann links, rechts, links bis zum **Largo Dr. José Figueiredo.** Dort befinden sich gute Essensmöglichkeiten. **La Boulangerie** ist, wie der Name erahnen lässt, ein französisches Café, die Backwaren werden selbst hergestellt. Himmlisch, diese Croissants! Drinnen ist es eng, draußen sitzt man unter Schirmen mit Blick auf den Platz und das gegenüberliegende Museum. Unser nächstes Ziel.

Das 7 **Museu Nacional de Arte Antiga** wurde bereits 1884 eröffnet, ist damit eins der ältesten Museen Portugals. Es beherbergt die bedeutendste Kunstsammlung des Landes mit Exponaten aus aller Welt. Die interessanteste Abteilung sind die Gemälde aus dem 14. bis 19. Jahrhundert im Erdgeschoss, vertreten sind namhafte europäische Künstler. Beeindruckend ist das Triptychon mit der „Versuchung des heiligen Antonius“ von Hieronymus Bosch. Das Museum ist im Alvor-Palast untergebracht, dessen Eingang am kleinen Park **Jardim 9 de Abril** liegt, der einen Blick auf den Lissabonner Hafen bietet. Hinter dem Museum verbirgt sich ein noch recht gut gehütetes Geheimnis: ein hübscher **Garten** mit einer Pergola, vielen Bäumen, Statuen und Hibiskussträuchern. Im Untergeschoss befindet sich eine Kantine, in der Mittagstisch und Kuchen angeboten werden. Der Garten ist für alle geöffnet, kann also auch ohne Museumsticket besucht werden und eignet sich hervorragend als ruhiger Leseort mit Blick auf den Hafen und die Brücke. Hinein kommen wir über den Hintereingang des Museums in der Rua das Janelas Verdes.

Auf dieser führt unser Spaziergang uns nun wieder Richtung Stadtmitte den Hügel hinunter und in belebtere Straßen. Jetzt sind wir in **Santos,** das für seine Essens- und Ausgehmöglichkeiten beliebt ist. Bald stoßen wir auf die rosafarbene Kirche **Igreja de Santos-o-Velho** mit ihren beiden Türmen und den vielen Treppen, die unter Bäumen zu beiden Seiten zum Gebäude hinaufführen. Der Kirchplatz,

Blick auf den Hafen

Green Street

auf dem am Wochenende oft ein Handkunstwerksmarkt stattfindet, teilt die Straße. Wir gehen links daran vorbei und weiter geradeaus. Wer motiviert ist, kann auch noch weiter links hinauf und die Sträßchen des Viertels **Madragoa** entdecken. Es ist eins der unverfälschtesten Altstadtviertel. Wir treffen schließlich auf eine große Straße, die wir überqueren, und nehmen ein paar Schritte weiter rechts Stufen nach unten. Die Übernächste links und wir stehen vor der Rua Verde oder ❽ **Green Street,** die offiziell Rua da Silva heißt. Ihren neuen Namen erhielt die Straße durch ihre Anwohnerinnen: Sie wollten die grünste Straße Lissabons schaffen und dekorierten ihre Hauseingänge, Balkone und Fensterbänke mit Farnen, Monstera und Bananenstauden. Dazu kamen Lampions, Girlanden und Lichter. Darunter stehen die Tische und Stühle der Lokale, die alle ein grünes, also nachhaltiges Konzept haben. Heute ist die Straße ein beliebtes Fotomotiv, ein Treffpunkt für Anwohner und Besucherinnen sowie ein Ort, der zum Nachahmen anregt.

Clube Royale

Am Ende der Straße biegen wir rechts ab und sind jetzt so richtig in Shoppingstimmung. In dieser und der Parallelstraße befinden sich viele kleine Boutiquen, Ateliers, Galerien und Pop-up-Stores. Zuerst wird im antiken Ladenlokal der portugiesischen Teegesellschaft ❾ **Companhia Portuguesa do Chá** unser Geruchssinn aktiviert. Es ist einer der wenigen Orte Lissabons, die sich ganz dem Tee widmen. Dabei prägte das Land wegen der historischen Verbindungen zu Asien und dem Orient dessen Geschichte. Weil die portugiesische Prinzessin Katharina von Braganza die Teekultur im 17. Jahrhundert in Europa populär gemacht haben soll, ziert ihr Scherenschnitt auch die hübschen Teedosen im Laden. Und weil in Portugal, genauer auf den Azoren, Tee wächst: Ceylon und weißer Tee. Natürlich steht er hübsch verpackt in den schweren Holzregalen des ehemaligen Schuhgeschäfts. Im **Clube Royale,** die Straße weiter runter, werden Vintagekleidung und selbst gebackener Kuchen angeboten. Das Geschäft ist wie ein Wohnzimmer und bis unter die Decke kunterbunt dekoriert, es läuft Swing. Nach Ladenschluss werden hier Cocktailabende, Lesungen, Vorträge und Livemusik geboten.

Cecile *M

Miradouro de Santa Catarina

An der nächsten Ecke biegen wir links ab, kommen auf die Rua Poiais de São Bento und blicken direkt auf das Keramikatelier **Cecile *M,** wo auch Workshops belegt werden können. Es lohnt sich, nun erst noch ein paar Häuser zurückzugehen, also nach links, um keine der besonderen **10 Läden** zu verpassen. Wie das Schmuckgeschäft **HOIKO,** das Accessoires aus der eigenen kleinen Werkstatt anbietet, und die Kunstgalerie **Apaixonarte,** wo junge aufstrebende Kunstschaffende aus Portugal ausgestellt werden. Aber Achtung: Durch die sehr schmale Straße rauscht die Straßenbahn 28! Wieder in der richtigen Richtung unterwegs, finden wir noch das **Kintu Studio,** in dem die Besitzerinnen Produkte portugiesischer Designer anbieten.

Nun geht es weiter im Zickzackkurs durch das Viertel. Rechts – links – rechts – links – rechts. Und plötzlich ist es hell. Der weiße Stein des Aussichtspunkts reflektiert die Sonne, Schatten gibt es hier nicht. Dafür eine großartige Aussicht: am **11 Miradouro de Santa Catarina** oder Adamastor, wie er von den Einheimischen genannt wird. Denn eine Statue des Riesen Ada-

HOIKO

mastor aus den „Lusiaden" des Dichters Luís Vaz de Camões prägt den Platz. Was aber viel wichtiger ist: Hier lässt sich der Sonnenuntergang wunderbar beobachten und begießen. Darum ist hier vor allem gegen Abend viel los und kaum noch eine Lücke auf den weißen Steinblöcken frei, die als Sitzgelegenheiten dienen. Mit oder ohne Weinglas blicken wir wie alle auf die hinter den Hausdächern und Kränen des Hafens untergehende Sonne. Irgendjemand hat immer Musik dabei oder ein Straßenmusiker untermalt das Schauspiel. Der Aussichtspunkt ist nicht der schönste: viel Stein, wenig Grün, nicht sehr sauber. Aber der Blick und die Stimmung sind toll.

Wir gehen hinter dem Aussichtspunkt bis zu einer viel befahrenen Straße. Rechts blicken wir die vielleicht meistfotografierte Straße Lissabons hinunter: die Rua da Bica mit ihrem gelben ⑫ **Ascensor da Bica,** ihren Balkonen, der Wäsche an den Leinen und dem Tejo im Hintergrund. Nun geht es nur noch geradeaus, vorbei an Restaurants und dem Cinema Ideal mit dem ältesten Kinosaal der Stadt bis zum Endpunkt unseres Spaziergangs: der **Praça Luís de Camões,** eine Hommage an einen der größten portugiesischen Schriftsteller, dessen Statue den Platz überblickt.

LISSABONS AUFZÜGE

Sie sind Transportmittel, Sehenswürdigkeit und Markenzeichen, besonders der Elevador de Santa Justa. Die anderen drei sind Standseilbahnen, werden aber von den Einheimischen ebenfalls als Aufzüge betitelt. Der von Glória ist der verkehrstechnisch wichtigste der Stadt. Heute bringt er aber vor allem Touristinnen und Touristen den Hügel hinauf. Unten bilden sich besonders in beliebten Reisemonaten lange Warteschlangen. 1885 wurde er in Betrieb genommen. Zuerst fuhr die Standseilbahn mit Gegengewicht aus Wasser, dann mit Dampf und seit 1914 elektrisch. Wie die beiden anderen (Bica, Lavra) wurde auch sie vom portugiesischen Ingenieur Raoul Mesnier de Ponsard entworfen, einem Schüler von Gustave Eiffel.

Ascensor da Bica

5

Start/Ziel: Cais do Sodré, Avenida 24 de Julho, 1200-161 Lissabon
Länge: ca. 5 Kilometer
Dauer: ca. 2 Stunden
ÖPNV: Haltestelle Cais do Sodré
Parken: Estacionamento Mercado da Ribeira – Cais do Sodré, Praça Dom Luís I, 1200-148 Lissabon

UNTERWEGS ENTDECKT

1. Mercado da Ribeira
2. Pink Street
3. Tasca do Chico
4. Convento dos Cardaes
5. Capela dos Lencastres
6. Miradouro de São Pedro de Alcântara
7. Ascensor da Glória
8. Igreja de São Roque
9. Largo do Carmo
10. Livraria Bertrand
11. Cerâmicas na Linha
12. Museu do Dinheiro (Geldmuseum)
13. Cais da Ribeira das Naus
14. Sambarhythmen im Jardim Roque Gameiro

ESSEN + TRINKEN

Bar Pensão Amor, Rua Nova de Carvalho 38, 1200-161 Lissabon, Tel. +3 51 (21) 3 14 33 99, pensaoamor.com (beliebte kuriose Bar in der Pink Street)
Fábrica de Pastéis de Nato Manteigaria União, Rua do Loreto 2, 1200-108 Lissabon, Tel. +3 51 (21) 3 47 14 92, manteigaria.com (Pastéis-de-Nata-Fabrik)
Restaurante Cabaças, Rua das Gáveas 8, 1200-208 Lissabon, Tel. +3 51 (21) 3 46 34 43 (Steak oder Fisch auf heißem Stein selbst zubereiten)

BAIRRO ALTO UND CHIADO

In geschichtsträchtigen Gassen

Lissabon ist bekannt für sein Licht und seine Farben, hat aber auch nachts viel zu bieten. Besonders am Flussufer und im oberen Altstadtviertel spielt sich das Nachtleben ab. Hier gibt es viele Bars, in und vor denen Cocktails, Bier und „grüner Wein" ausgeschenkt werden. Dieser Spaziergang bietet sich aber tagsüber an, da er uns zu Kunst, Aussichtspunkten und Leckereien führt, zu Sehenswürdigkeiten und Plätzen von großer historischer Bedeutung. Dabei lernen wir dann die Bars kennen, die wir abends wieder aufsuchen können, für einen Après-Spaziergang-Wein.

An der Station Cais do Sodré treffen alle öffentlichen Verkehrsmittel zusammen: Metro, Zug, Fähre, Bus, Tram. Wir verlassen den Bahnhof zur Stadtseite, mit dem Tejo im Rücken. Auf der anderen Straßenseite sehen wir schon das weiße Gebäude des 1 **Mercado da Ribeira,** des ehemaligen Großmarkts der Stadt. Im rechten Flügel ist täglich von morgens bis zum frühen Nachmittag ein normaler Wochenmarkt zu besuchen, mit Gemüse-, Fisch- und Blumenständen. Der Eingang links daneben führt zu einer modernen Foodhalle mit über 30 kleinen Ablegern von Restaurants der Stadt. Die Idee: Besucherinnen und Besucher können sich an einem einzigen Ort durch Lissabon schlemmen. Meist sind viele der 900 Plätze an den langen Holzbänken in der Mitte besetzt und die Gespräche hallen in dem historischen Gebäude hoch bis zum Glasdach.

Time Out Market

Nach dem Snack beginnen wir mit unserem Aufstieg. Wir wollen ja in die Oberstadt, das Bairro Alto. So führt uns die Rua Ribeira Nova hinter der Markhalle entlang. Wir biegen links ein, gehen an der Praça São Paulo vorbei und treffen geradeaus auf eine knallpinke Straße: die 2 **Pink Street.** Lissabon hat mittlerweile einige bunte Straßen, aber diese ist zweifellos die bekannteste. Auch weil sie zusätzlich von oben farbig ist: durch ein Dach aus bunten Regenschirmen. So ist die Rua Nova de Carvalho, wie die Straße eigentlich heißt, ein beliebtes Fotomotiv. Lange Zeit war diese Gegend geprägt von Bordellen und Drogenabhängigen. Durch den Anstrich hat sich auch das Ansehen der Straße geändert – und durch die Gentrifizierung das ganze Viertel. Am beliebtesten unter den vielen Bars, die sich hier aneinanderreihen, ist die **Pensão Amor,** die Liebespension. Jahrelang befand sich darin ein Stundenhotel, und so finden sich drinnen heute noch viel Samt, Spiegel, Tanzstangen, aber auch Kunst, Sofas und Kulturveranstaltungen. Allein durch die außergewöhnliche Einrichtung ist die Bar einen Besuch wert.

Pink Street

Nun sammeln wir aber unsere Kräfte und steigen die Rua das Flores bis zur **Praça Luís de Camões** hinauf – dem Treffpunkt der Lissabonnerinnen und Lissabonner, denn hier schmiegen sich zwei beliebte Viertel aneinander, es halten Trams und Busse, in der Umgebung liegt die viel genutzte Metrostation Baixa-Chiado, wir können einkaufen, essen, ausgehen. Hier endet auch der vorherige Spaziergang – und so können motivierte Spazierende jetzt mit uns weiterlaufen.

Wir widmen uns nun einer Tätigkeit, die wir bisher völlig vernachlässigt haben. Denn was wäre Lissabon ohne Pastéis de Nata? Genau. Für die Leckerei geht es in die **Mantei-**

garia União an der Ecke der Praça Luís de Camões und Rua do Loreto, wo sich ausschließlich den Puddingtörtchen gewidmet wird. Tausende gehen pro Tag über den schmalen Tresen, dahinter können wir durch eine Glasscheibe den Bäckerinnen und Bäckern bei der Arbeit zusehen. So geht unser Spaziergang cremig, knusprig und mit einem Hauch Zimt weiter die mit Kopfstein gepflasterten Sträßchen der Oberstadt hinauf. Bekannt ist sie für ihr Nachtleben. Die Bars sind traditionell klein, günstig und eher etwas heruntergekommen. Es finden aber immer mehr hippe Bars im Viertel Einzug. Tagsüber hat das Bairro Alto einen ganz anderen, aber nicht weniger besonderen Flair. In dem Viertel aus dem 16. Jahrhundert gibt es Galerien und Cafés, hübsche Gassen und versteckte Plätze.

5 BAIRRO ALTO UND CHIADO

Im Zickzackkurs wollen wir möglichst viel vom Charme des alten Kneipenviertels mitbekommen. Uns führt die Rua das Gáveas hinauf, die an der Praça Luís de Camões beginnt. Direkt stoßen wir auf einen Klassiker: das Restaurant **Cabaças.** Es hat kein Schild, ist aber an der langen Warteschlange erkennbar, die sich davor bildet. Wer sie vermeiden möchte, sollte früh kommen. Bekannt und beliebt ist es für seinen Rindernacken, den sich jeder selbst auf einem heißen Stein zubereitet. Beim Warten trinken alle auf der Straße vor dem Restaurant schon mal ein Bier vom Fass oder einen Vinho Verde, den portugiesischen Wein, der nur in einer bestimmten Region angebaut wird – er ist wenig süß, wenig alkoholhaltig und mit natürlicher Kohlensäure versehen.

Kacheln an der Tasca do Chico

An der nächsten Ecke links und die Zweite rechts, werfen wir zumindest einen Blick in die 3 **Tasca do Chico.** In der Kultkneipe ist die Decke ein Meer aus Fußballschals, die Wände sind über und über behangen mit Fotos portugiesischer Fadokünstler. Die traditionelle melancholische Musik Portugals wird hier jeden Abend vorgetragen – von bekannten Sängerinnen und Amateuren. Die Musiker sitzen mit in der Kneipe und fordern sich gegenseitig zum Singen auf. Diese ungezwungene Art der Fadokneipe ist selten geworden in Lissabon.

Weiter links, rechts, links, rechts und wir sind auf der Rua da Rosa, einer der hübscheren Straßen der Oberstadt. Hier sind schon viel weniger Bars, dafür mehr normales Wohnen. Wir biegen in die Calçada do Tijolo links ein und sind plötzlich wie in einem anderen Viertel: Hier ist es ruhig, keine Touristinnen, ein heller Platz breitet sich vor uns aus. Es sind nur wenige Menschen auf der Straße; ein Mann führt seinen Hund Gassi, eine Frau hat sich bei der Nachbarin Milch geliehen, zwei Jungs schießen sich einen Ball zu. Wir gehen

Kapelle Convento dos Cardaes

die Calçada do Tijolo runter, die einen schönen Blick und pastellfarbige Häuser bietet. An deren Ende treffen wir auf die Rua de O Século und blicken direkt auf das **Tribunal Constitucional,** das oberste Gericht. Auf dieser Straße stehen zwischen den einfachen Häusern noble Paläste. Wie etwas weiter links von uns das ehemalige Wohnhaus des berühmten Premierministers Marquês de Pombal, unter dessen Führung nach dem verheerenden Erdbeben 1755 Lissabons Innenstadt wieder aufgebaut wurde. Wir halten uns aber rechts und treffen auf das schlichte weiße 4 **Convento dos Cardaes.** Das Kloster aus dem Jahr 1681 beeindruckt innen durch barocke Kunst. In die Kapelle kann jeder einen Blick werfen und die blau-weißen Kachelwände bestaunen, sie zeigen das Leben der heiligen Teresa von Ávila und stammen von dem niederländischen Künstler Jan van Oort. Zudem gibt es ein **Klosterlädchen,** in dem klostereigene Produkte angeboten werden. Das Konvent wird von Dominikanerinnen bewohnt, die sich um blinde Frauen kümmern. Dennoch ist ein Teil zu besichtigen – aber nur mit Führung. Die ist jeden Tag möglich, ohne vorherige Anmeldung.

Klosterlädchen

Capela dos Lencastres

Nun geht es die Nächste rechts, bis wir auf eine größere Straße treffen, die Travessa do Conde de Soure. An deren letzter Straßenecke befindet sich rechts ein schlichtes weißes Gebäude, das wieder ein Kloster ist, diesmal ein unbewohntes. Das **Convento de São Pedro de Alcântara** ist ein echter Geheimtipp! Denn obwohl es an einer der belebtesten Straßen liegt und dessen Kirche umsonst betreten werden kann, finden nur wenige Menschen den Weg hierher. Ein offenes Eisentor führt auf einen Vorplatz, von dem wieder Türen in verschiedene Gebäudeteile führen. Hinter der rechten befindet sich die mit buntem Marmor in italienischem Stil verkleidete 5 **Capela dos Lencastres** aus dem Jahr 1690. Daneben geht es in die Klosterkirche aus dem Jahr 1670 mit sehenswerten blauweißen Kacheln und Ölgemälden.

Vom Vorplatz können wir schon einen Eindruck davon bekommen, was uns nun erwartet: eine wunderbare Aussicht auf Lissabon von dem wahrscheinlich größten Aussichtspunkt der Stadt, dem gegenüberliegenden 6 **Miradouro de São Pedro de Alcântara.** Bäume versorgen den Platz mit Schatten, darunter sprudelt ein Springbrunnen, es gibt ein Café, viele Sitzmöglichkeiten und oft einen Markt, bei dem Speisen und Getränke zu Touristenpreisen angeboten werden. Treppen führen in den unteren Teil, der oft leerer ist und auch eine Aussicht bietet auf die Avenidas Novas mit den moderneren Wohnvierteln der Stadt, auf die Baumkronen der Avenida da Liberdade, auf den gegenüberliegenden Hügel Santana, das Viertel Graça mit den Kirchen und kleinen Gärten, die Festung São Jorge, den Fluss Tejo

Miradouro de São Pedro de Alcântara

5 BAIRRO ALTO UND CHIADO

Ascensor da Glória

Mural in Bairro Alto

und schemenhaft auch die andere Flussseite. Eine Azulejotafel aus dem Jahr 1962 erläutert die einzelnen Gebäude. Rechts führt eine Straße steil hinab zur Avenida da Liberdade – daher wurde hier einer der Lissabonner „Aufzüge“ errichtet: der 7 **Ascensor da Glória.** An dessen Bergstation befindet sich eine Art Outdoor-Street-Art-Galerie, deren Werke sich regelmäßig ändern.

Wir gehen in dieser Richtung die Straße hinab, rechts von uns liegt nun das **Bairro Alto.** Hier wird der Bürgersteig ganz schmal, Straßenbahnen und Autos schieben sich an den Menschen vorbei, die drücken sich links an die Kirche 8 **Igreja de São Roque.** Sie wurde 1566 auf einem Pestfriedhof erbaut. Innen gibt es ein Überangebot an allem: eine bemalte Holzdecke, acht pompöse Seitenkapellen, Gold, Edelholz … Bei dieser Fülle weiß man gar nicht, wohin man den Blick zuerst richten soll. Beachtenswert ist vorne links die **Kapelle Johannes des Täufers** aus blauem Marmor. Sie wurde in Rom gefertigt, in Einzelteilen nach Lissabon geschifft und hier zusammengebaut. Das angeschlossene Museum zeigt sakrale Kunst. Auf dem Vorplatz fällt die Statue von Padre António Vieira auf, einem Jesuitenpriester und Missionar aus dem 17. Jahrhundert, umgeben von drei halb nackten indigenen Kindern. Er wird bis heute als großer Prediger und Schriftsteller verehrt, der für die portugiesische Literatur prägend war. Auch mischte er sich tatkräftig in die Politik ein. Er unterstützte das imperialistische Projekt Portugals, das mit seinem missionarischen Ziel der Verbreitung des christlichen Glaubens in Einklang stand. Allerdings wandte er sich auch häufig gegen kirchliche und koloniale Praktiken. Die Statue wirkt wie aus der späten Kolonialzeit, wurde aber 2017 aufgestellt.

Von dem einen geschichtsträchtigen Ort gehen wir zum nächsten. Links am Ende des Platzes nehmen wir die Rua Nova da Trindade. Am Teatro da Trindade biegen wir links in die Rua da Trindade ein und treffen an deren Ende auf den hübschen kleinen Platz 9 **Largo do Carmo** mit dem

Igreja de São Roque

Largo do Carmo

Convento do Carmo

schwarz-weißen Mosaikboden, den Jacarandabäumen, den Bars und Restaurants. Ihm ist seine Bedeutung gar nicht anzusehen, aber hier wurde Portugals Geschichte auf einen Schlag verändert: Am 25. April 1974 fand hier Portugals Diktatur mit der Nelkenrevolution ein unblutiges Ende. Der Diktator Marcel Caetano, Nachfolger von António de Oliveira Salazar, verschanzte sich an dem Tag in der Kaserne am Largo do Carmo, links neben der Klosterkirche. Aufständisches Militär und viele Einheimische umzingelten das Gebäude. Nach mehrstündigen Verhandlungen kapitulierte Caetano. Plötzlich stand das abgeschieden am Rand Europas liegende Portugal im Weltinteresse.

Zudem befindet sich in der Mitte des Platzes einer der ältesten Brunnen der Stadt. Er wurde nach dem Erdbeben von 1755 gebaut, 1789, und vom Aquädukt gespeist. Es ist einer der wenigen Orte in Lissabon, an dem die Spuren des großen Erdbebens noch so gut sichtbar sind. Denn ein Großteil des **Convento do Carmo** wurde zerstört – aber nicht wieder aufgebaut. Besonders an sonnigen Tagen ist ein Spaziergang durch das dachlose Kirchenschiff ein-

NELKENREVOLUTION

Mehr als 40 Jahre lang war Portugal eine Diktatur. Präsident António de Oliveira Salazar hatte seit seiner Machtübernahme im Jahr 1932 das Land in eine internationale wirtschaftliche und politische Isolation geführt. Sein Regime nannte er Estado Novo, also Neuen Staat, und gab ihm eine neue Verfassung. Er vereinte die Macht und duldete keine Kritik oder politische Aktivität, das Volk sollte in Unmündigkeit gehalten werden. Die Menschen sollten sich für traditionelle Musik, Religion und Sport interessieren: Fado, Fátima, Fußball.

Bis zum 25. April 1974. Die jahrelangen Kolonialkriege der faschistischen Diktatur hatten die portugiesische Gesellschaft zermürbt und den Staatshaushalt belastet. Es gab immer mehr Opfer. Innerhalb des Militärs formierte sich Widerstand. Das sprach sich herum, und als die Offiziere später die Stadt mit Panzern besetzten, wurden sie vom Volk begeistert empfangen. Frauen steckten den Soldaten zur Begrüßung rote Nelken in die Gewehrläufe. Daher der Name der Revolution.

Ausblick vom Elevador de Santa Justa

drucksvoll: Das weiße Gewölbeskelett setzt sich stark vom tiefblauen Himmel ab. Im Palácio dos Condes de Valadares nebenan entstand im 18. Jahrhundert die Universität von Lissabon. Direkt dahinter ist die Bergstation des berühmten **Elevador de Santa Justa,** dessen Plattform einen tollen Blick auf die Einkaufsstraßen der Unterstadt und die Festung São Jorge bietet. Wir nehmen aber weder ihn noch die Treppen nach unten, sondern die hübsche Calçada do Sacramento, die vom Largo do Carmo abgeht. Tipp: Wer sich hier einen Drink genehmigen möchte, sollte die **Leitaria Académica** wählen. Die Getränke sind die gleichen, die Preise aber etwas günstiger als beim Pavillon.

Nun sind wir im Viertel Chiado angekommen, zu dem nur wenige Straßenzüge gehören und der im 19. Jahrhundert Treffpunkt der Intellektuellen war. Heute gibt's hier viel zu sehen, zu speisen, zu shoppen. Wir gehen rechts die zentrale Rua Garrett hoch und halten am ältesten noch betriebenen Buchladen der Welt, der 10 **Livraria Bertrand.** 1732 wurde sie gegründet und besteht aus sieben Räumen, die in unterschiedliche Genres unterteilt und nach portugiesischen Schriftstellerinnen und Schriftstellern benannt sind. In Portugal sind Bücher teurer als in Deutschland und gerade besondere Buchläden haben höhere Preise als Buchhandlungsketten.

Livraria Bertrand

Unsere Shoppingtour geht weiter links um die Ecke die Straße hinunter, dann wieder links. An der Tür dieses Geschäfts sollte „Betreten auf eigene Gefahr" stehen. Denn wer kann hier schon widerstehen? Im Keramikladen 11 **Cerâmicas na Linha** können wir Geschirr made in Portugal auf die traditionelle Art kaufen: nach Gewicht und zu günstigen Preisen. Im hinteren Teil des Ladens befinden sich die teureren Marken-

Lissabonner Rathaus

Cais da Ribeira das Naus

produkte. Portugiesisches Geschirr lässt sich einfach super kombinieren und ist immer ein Hingucker.

Nachdem wir unseren Geldbeutel geleert haben, versuchen wir, ihn nun wieder zu füllen. Vielleicht klappt's ja – im ⑫ **Museu do Dinheiro,** dem Geldmuseum. Dazu laufen wir am Ende der Straße links, direkt wieder rechts und links. Dann noch die Rua Nova do Almada hinunter, der Eingang liegt links um die Ecke. Der Eintritt ins Museum ist praktischerweise frei – gut für unser Portemonnaie. Aber es gibt eine Sicherheitskontrolle wie am Flughafen. Danach stehen wir in einer hellen hohen Halle. Das Gebäude ist eine Kirche aus dem 18. Jahrhundert, jetzt Sitz der Zentralbank. Im Museum werden Münzen und Scheine ausgestellt – und ein Goldbarren. Wir können ihn anheben und spüren, wie schwer Gold ist. Herausheben ist natürlich nicht möglich. Dafür gehen wir durch die runde massive Tresortür in das ehemalige Goldlager. Im Keller befindet sich zudem der einzige übrig gebliebene Abschnitt der Stadtmauer aus dem 13. Jahrhundert.

Am Jardim Cais do Sodré

Wieder draußen, spazieren wir vorbei am benachbarten **Lissabonner Rathaus** über den hübsch gepflasterten Platz bis zum Fluss und dem ⑬ **Cais da Ribeira das Naus.** Hier können wir es uns in einem Liegestuhl gemütlich machen und den Blick über das Blau schweifen lassen. Strandfeeling am Fluss, der hier wirkt wie das Meer. Oder wir schlendern weiter Richtung Cais do Sodré, unserer Ausgangsstation. Vom davorliegenden ⑭ **Jardim Roque Gameiro** (besser bekannt als Jardim Cais do Sodré) sind vor allem am Wochenende schon von Weitem die **Sambarhythmen** zu hören. Brasilianische Musiker sitzen um Tische, spielen auf ihren Instrumenten und singen – viele Menschen versammeln sich darum und bewegen sich zu den Klängen, Paare tanzen gekonnt vor den Musikern. Brasilien in Lissabon.

6

Start/Ziel: Palácio dos Marquêses de Fronteira, Largo São Domingos de Benfica 1, 1500-554 Lissabon
Länge: ca. 4 Kilometer
Dauer: ca. 1,5 Stunden
ÖPNV: Haltestelle Palácio Marquês Fronteira
Parken: Estacionamento Largo São Domingos de Benfica, 1500-554 Lissabon

UNTERWEGS ENTDECKT

1. Palácio dos Marquêses de Fronteira
2. Calhau
3. Parque do Calhau
4. Miradouro do Moinho das Três Cruzes
5. Pista do Aqueduto
6. Märchenwald
7. Parque da Pedra
8. Hello Park

ESSEN + TRINKEN

Mitgebrachtes Picknick

MONSANTO

Wandertour durch Lissabons grüne Lunge

Wer von oben auf Lissabon blickt, entdeckt im Westen eine große grüne Fläche: der Monsanto-Park. Den wollen wir erkunden bei diesem Spaziergang, der teils eher eine Wanderung ist. Es geht über Trampelpfade, durch Korkeichenwäldchen, über Kieswege steil bergauf, über Blumenwiesen. Wegen der erhöhten Lage haben wir oft einen guten Blick auf die Stadt und den Fluss – wenn nicht Bäume die Sicht verdecken.

Gut 800 Hektar umfasst der **Monsanto-Stadtwald** und ist damit die größte Grünfläche Lissabons. Ursprünglich wurde sie landwirtschaftlich genutzt, daran erinnern heute noch Windmühlen und deren Überbleibsel. Daher ist der Monsanto kein richtiger Wald, sondern ein relativ junger angelegter Park mit vielen Bäumen. In den 1930er-Jahren wurde das kahle Land aufgeforstet, 1934 entstand der Park mit Sport- und Freizeitmöglichkeiten. Leider führen stark befahrene Straßen durch das Gelände und die bewaldeten Gebiete sind von gepflasterten Wegen und Plätzen durchzogen. Dennoch gibt es Orte, an denen wir mitten im Grünen sind. Viele Lissabonner kommen hierher zum Joggen und Radfahren, zum Picknicken und Wandern.

Monsanto-Stadtwald

Wir starten unsere Tour am Rande des Parks an einem Palast: dem beeindruckenden und farbenfrohen 1 **Palácio dos Marquêses de Fronteira,** einem der schönsten Paläste der Stadt. Er gilt als bedeutendstes Beispiel der portugiesischen Renaissancearchitektur und ist einer von

Palácio dos Marquêses de Fronteira

wenigen Palästen, die das Erdbeben von 1755 unbeschadet überstanden haben. Ein Teil ist für Besucher geöffnet, aber nur mit Führung. Denn der andere Teil des Palasts ist noch bewohnt: von den Nachfahren von João de Mascarenhas, der dieses Anwesen zwischen 1650 und 1675 bauen ließ. Im **Garten** können wir uns hingegen frei bewegen und dürfen auch fotografieren. Und der romantische Garten mit den vielen Azulejos aus Portugal, den Niederlanden und Spanien ist ohnehin das, was die meisten Besucher hierhin lockt. Auf der Terrasse sind in Kacheltableaus die sieben freien Künste dargestellt sowie Affen, die sich über den Adel lustig machen. Dazwischen stehen weiße Statuen griechischer Gottheiten. Von hier gelangen wir in die Kapelle, die mit Muscheln verziert ist. Beeindruckend ist auch die

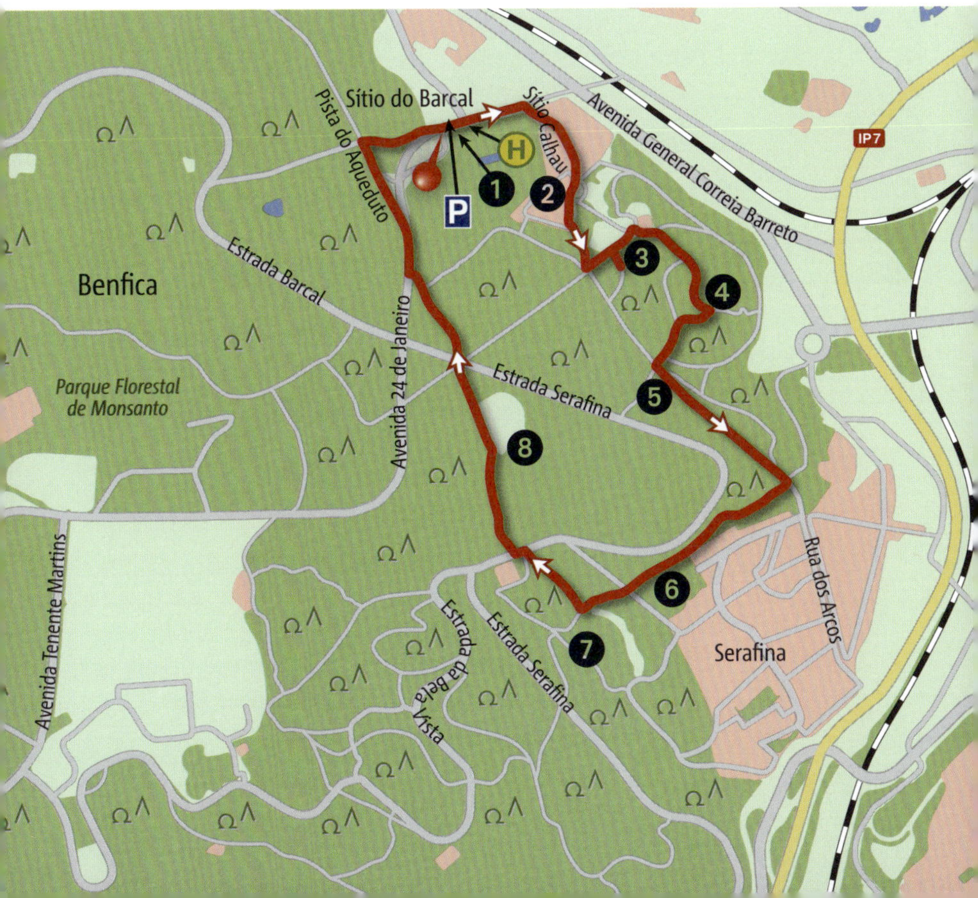

Königsgalerie aus dem 17. Jahrhundert am südlichen Ende des Gartens oberhalb eines rechteckig angelegten Teichs mit schwarzen Schwänen. Auf der Galerie gehen wir vorbei an kunstvollen Büsten aller portugiesischen Könige, hier haben wir einen großartigen Blick auf den rot-weiß leuchtenden Palast und den im italienischen Stil angelegten unteren Garten. Zum Abschluss setzen wir uns auf die zweite Terrasse vor die riesigen Buchsbaumbeete in die weißen verschnörkelten Gartenstühle.

Weg im Monsanto-Park

Danach treten wir aus dem herrschaftlichen Anwesen heraus und gehen nach rechts die Straße hinunter. Hier gibt es keinen Bürgersteig, aber auch nur wenig Verkehr. Kurz bevor die Straße in einen Fußgängerüberweg über den Autobahnzubringer mündet, geht es wieder nach rechts und wir blicken auf die hübsche **Quinta do Lameiro,** ein gelbes Haus aus dem 17. Jahrhundert. Wir nehmen rechts die Straße bergauf und sind plötzlich in einem Dorf. Das winzige Viertel ❷ **Calhau** ist eine Ansammlung von wenigen einstöckigen Häusern, die mit ihren kleinen Gärten und vielen Pflanzen eine gemütliche Atmosphäre ausstrahlen. Hier führt uns der Weg geradeaus in den Monsanto-Park und wir wechseln von Kopfsteinpflaster auf brüchigen Asphalt.

An der nächsten Kreuzung gehen wir weiter geradeaus. Links sehen wir jetzt Bänke unter Stein- und Korkeichen mitten auf einer Wiese, deren Gras hoch gewachsen ist und auf der Disteln und Natternkopf lila blühen und Scharfgarbe weiße Tupfer einbringt. Der ❸ **Parque do Calhau** ist unsere erste Picknickgelegenheit. Am Wochenende treffen wir hier viele Familien mit Kindern, die auf der Wiese toben. Unter den Eichen, die uns nun noch ein Weilchen begleiten, liegen Menschen auf Decken im Gras und lesen. Anderen Wanderern begegnen wir auch ab und zu, aber insgesamt ist es sehr ruhig. Nur die angrenzende Autobahn ist zu hören, sowie Schnellzüge und Flugzeuge. Denn auch wenn wir es hier nicht sehen und das Vogelgezwitscher teilweise sehr laut ist: Wir befinden uns mitten in einer Großstadt.

Wir lassen den Picknickplatz hinter uns und überqueren die Wiese bis zu einem hellen Kieselweg, der unter Kiefern bergauf führt. Oben angekommen, überrascht uns nicht nur der Wind, denn wir sind jetzt über den Baumwipfeln, sondern auch eine runde Ruine. Sie zeugt davon, dass auf diesem Gebiet einmal sehr viele Mühlen standen, als hier statt der Wälder Getreidefelder waren. Vom Aussichtspunkt 4 **Miradouro do Moinho das Três Cruzes** aus haben wir einen guten Blick auf die verschiedenen Teile Lissabons und die lärmende Schnellstraße. Was uns erneut daran erinnert:

Miradouro do Moinho das Três Cruzes

Pista do Aqueduto

Wir sind sehr nah an der Stadt. Noch wollen wir aber nicht dahin zurückkehren, sondern weiter in die Natur eintauchen. Dafür verlassen wir das kleine Plateau über breite Stufen und folgen dem daran anschließenden Trampelpfad. An der nächsten Möglichkeit biegen wir links ab und befinden uns nun auf der 5 **Pista do Aqueduto,** dem Aquäduktpfad. Diesen Weg hat einst das Wasser vom Aquädukt aus in die Stadt genommen. Erkennbar an den Schächten, die am Wegrand stehen: kleine steinerne Türme mit vergitterten Fenstern. Links haben wir immer wieder Sicht auf Lissabons Hochhäuser zwischen den Bäumen.

An einem kleinen Rastplatz mit Bänken und Wasserspender biegen wir rechts in den Weg ein, der uns weiter

Märchenwald

bergauf und weg von der Straße führt. Wer lieber noch mehr im Wald ist, kann auch den etwas versteckteren Trampelpfad nehmen, der rechts parallel verläuft. Obwohl wir links von uns ganz dicht noch Häuser sehen, hören wir keine Menschen. Die wenigen, die uns begegnen, sprechen mit gedämpfter Stimme. Und dann entdecken wir auf einmal rechts eine kleine Figur mit weißer Mütze: ein Zwerg, aus Holz geschnitzt. Wir sehen immer mehr dieser Märchenfiguren im kleinen Wäldchen. Als wir näher kommen, hören wir hinter dem kleinen weißen Haus an der Ecke Geräusche einer Handsäge. Hier wohnt also der Künstler. Natürlich erkunden wir noch ein wenig den 6 **Märchenwald** und seine magischen Bewohner. Bei all der Suche nach den Figuren sollten wir aber auch einen Blick nach links zur Seite werfen. Hier haben wir an den Baumstämmen vorbei eine großartige Sicht auf das Aquädukt von Lissabon mit seinen majestätischen Bögen. Dessen höchste Stelle beträgt 65 Meter und

Parque da Pedra

dieser Bogen mit einer Breite von 28 Metern ist der höchste aus Stein gemauerte Spitzbogen der Welt. Wir sehen ihn ganz in der Mitte, darunter führt eine Schnellstraße hindurch, dahinter ziehen sich Hochhäuser den Hügel hinauf.

Wir spazieren weiter geradeaus und treffen schnell auf einen Parkplatz, dahinter ein Holzzaun. Von weit darunter schallen Stimmen hoch zu uns: Dort sind Gruppen aktiv. Wir laufen nach rechts am Zaun entlang und sehen nun, dass sich dort ein Klettergarten zwischen den Baumstämmen und eine Kletterwand an einem Felsen befindet. Hier war früher der Serafina-Steinbruch, heute ist es der 7 **Parque da Pedra** mit Freizeitangebot und vielen Picknickmöglichkeiten. Der Klettergarten ist aber mit Vorsicht zu betreten, denn er wird nicht gewartet. Vor uns stehen einige Tische und Bänke aus schwerem Holz. Wir nehmen den Weg rechts daran vorbei. Hier hören wir nun von überall Stimmen. Denn auch wenn wir es durch die Zypressen nicht sehen, um uns herum befinden sich viele Freizeitmöglichkeiten mitten im Wald. Wir folgen dem Weg weiter, die Vegetation ändert sich ständig. Hohe und niedrige Bäume

Aquäduktpfad mit Blick auf Lissabon

wechseln sich ab, Laub- und Nadelbäume. Wir bleiben oben, halten uns also rechts.

Nun treffen wir auf eine Straße, die wir überqueren, um direkt gegenüber einen Trampelpfad hochzugehen. Dann rechts weiter bergauf. Von rechts hören wir immer lauter Kinderstimmen, wir sind direkt neben dem 8 **Hello Park,** einem Kinderfreizeitpark mit Riesenrutschen, Trampolins, Kettcarparcours und eigenem Waldstück zum Graben, Anpflanzen, Tierebeobachten. Zwischen den Baumstämmen erhaschen wir durch den Maschendrahtzaun einen Blick darauf, entfernen uns dann aber davon, da wir links den kleinen Pfad zwischen den Baumstämmen einschlagen, um nicht auf den Parkplatz des Parks zu treffen. Der Pfad führt uns auf einen angelegten Kieselweg, dem wir weiter geradeaus folgen. Jetzt sind wir mitten im Wald und sehen nur Bäume um uns herum. Wir bleiben auf dem angelegten Weg, es gibt aber rechts und links schmale Trampelpfade, die etwas tiefer in den Wald hineingehen, aber parallel bleiben. An der Wegkreuzung spazieren wir rechts hinunter und überqueren die Estrada Serafina. Direkt gegenüber nehmen wir den linken Weg wieder in den Wald hinein.

Um uns herum sind viele Nadelbäume, und wir begegnen einigen Menschen mit Hunden. Würden wir den nächsten Weg rechts gehen, kämen wir nach einer Weile wieder in Calhau an. Wir laufen aber geradeaus weiter und treffen auf die Avenida 24 de Janeiro. Auf der gegenüberliegenden Seite führt ein Fußgängerweg geschützt durch einen Holzzaun an der Straße entlang. Hier bleiben wir nur ein paar Meter, dann sehen wir links einen Turm auf einer Mauer, die immer weiter ansteigt: das Aquädukt. Wir nehmen den Weg links neben der Mauer und sind wieder auf dem **Aquäduktpfad.** Nur dass diesmal das Gemäuer aus der Erde herausragt. Oben sitzt eine Jugendliche, hört Musik und schreibt Tagebuch. Wir spazieren weiter den Hügel hinauf, die Aquäduktmauer taucht nun wieder in die Erde ein. Es geht hoch bis zum nächsten Aquäduktturm. An der Kreuzung dahinter nehmen wir den rechten Weg bergab und stehen an dessen Ende wieder am Ausgangspunkt: am Palácio dos Marquêses de Fronteira.

AUF LISSABONS EHEMALIGER WASSERLEITUNG

Das Aquädukt von Lissabon beeindruckt durch seine Größe. Zwischen 1731 und 1748 wurde es auf königliche Anordnung gebaut. Wie durch ein Wunder überstand die Wasserleitung das Erdbeben von 1755 unbeschadet. Insgesamt ist das Bauwerk 19 Kilometer lang, beginnt in der Stadt Queluz und endet im kleinen Garten Jardim das Amoreiras im Reservoir Mãe d'Água, das heute das Wassermuseum ist. Weiterhin verlaufen im Inneren des Aquädukts Wasserleitungen, die allerdings nicht mehr für die Trinkwasserversorgung genutzt werden. 1973 wurde das Aquädukt endgültig stillgelegt. Nun können wir es besichtigen – und darauf spazieren! Ein Spaziergang auf dem jahrhundertealten Gebäude ist etwas ganz Besonderes – und ein echter Geheimtipp. Der Fußweg verläuft rechts und links vom geschlossenen Innenbereich, in dem das Wasser fließt. Von dem unscheinbaren Eingang im Viertel Campolide steigt der Weg langsam an, wir überblicken die nördlichen Stadtteile Lissabons und gehen auf den Stadtwald Monsanto zu. Auf dem Rückweg sehen wir die Ponte 25 de Abril und die Christusstatue. Trotz der Höhe stellt sich kein mulmiges Gefühl ein, da das Bauwerk so massiv, der Fußweg breit und die Begrenzungsmauern hoch sind.

7

Start/Ziel: U-Bahn-Station Martim Moniz, Praça Martim Moniz, 1100-341 Lissabon
Länge: ca. 3 Kilometer
Dauer: ca. 2 Stunden
ÖPNV: Haltestelle Martim Moniz
Parken: Estacionamento Martim Moniz, Praça Martim Moniz, 1100-341 Lissabon

UNTERWEGS ENTDECKT

1. Berço do Fado (Wiege des Fado)
2. Largo Severa
3. Rua Marquês Ponte de Lima
4. Largo Achada
5. Café da Garagem
6. Miradouro da Graça
7. Miradouro da Senhora do Monte
8. Jardim da Cerca da Graça
9. Street-Art von Vhils
10. TOPO (Rooftopbar)

ESSEN + TRINKEN

The Food Temple, Beco do Jasmim 18, 1100-289 Lissabon, Tel. +3 51 (21) 8 39 78 74, thefoodtemple.com (veganes Restaurant, Sitzgelegenheit auf Treppen am winzigen Vorplatz)
Pastelaria A Cabreira, Largo da Graça 22, 1170-165 Lissabon, Tel. +3 51 (21) 8 86 19 89, acabreira.eatbu.com (hier trifft sich die Nachbarschaft, günstige Speisen und Getränke)
Secret Garden LX, Largo Monte, 1170-253 Lissabon (versteckte Bar am Aussichtspunkt, Livemusik und sehr schöne Aussicht)

MOURARIA UND GRAÇA

Goldene Aussichten

Zwei der spannendsten Viertel der Stadt: Mouraria, das alte Maurenviertel, in dem sich nach der Eroberung Lissabons durch die Christen 1147 die Juden und Moslems ansiedeln mussten, war Ort für Ausgegrenzte, Vertriebene und plötzlich Heimatlose. Und ist es bis heute: Das Viertel ist Heimat von Menschen über 50 verschiedener Nationalitäten, aber auch alteingesessene Lissabonner Familien wohnen hier. Wie in Graça: Auch wenn die Gentrifizierung vor dem Arbeiterviertel nicht haltgemacht hat, besitzt es noch etwas von seinem ursprünglichen Charme. Besonders bekannt ist Graça für seine Aussichtspunkte.

Die Mouraria liegt am Nordhang der Burg São Jorge und beginnt an der **Praça Martim Moniz.** Früher standen hier die Häuschen der unteren Mouraria. Sie wurden in den 1950er-Jahren abgerissen, da die engen Gassen den Verkehr behindern würden. Entstanden ist ein trister, riesiger Platz, umrahmt von einer mehrspurigen Straße. Auch die umliegenden Straßen wurden bis vor einigen Jahren eher vermieden. Sie waren nicht immer der sicherste Ort, ganz

Blick auf Mouraria

7 MOURARIA UND GRAÇA

FADO – PORTUGALS MELANCHOLISCHER SOUNDTRACK

Fado ist die mit Abstand bekannteste Musik Portugals: ein nicht leicht zugänglicher, schwerer, melancholischer Musikstil. Er ist eng verknüpft mit der portugiesischen Geschichte und wird oft als Ausdruck des Seelenzustands der Einheimischen beschrieben. Es gibt viele verschiedene Fadoarten, gerade heute verändert er sich weiter, wird moderner. Meist handeln die Lieder von unglücklicher Liebe, vergangenen guten Zeiten, sozialen Missständen und der Sehnsucht nach besseren Tagen, dem berühmten unübersetzbaren portugiesischen Gefühl *saudade.* Vorgetragen wird er von einer Sängerin oder einem Sänger, begleitet von mindestens zwei Gitarren. Eine davon ist die zwölfsaitige portugiesische Gitarre. Amália Rodrigues, Portugals berühmteste Fadosängerin, sagte: „Es ist wichtig, den Fado zu spüren. Denn Fado wird erlebt, er wird gefühlt, nicht verstanden oder erklärt." Aber ursprünglichen Fado zu erleben ist heute große Glücksache. Viele Restaurants und Bars sind auf Touristen ausgelegt. Was nicht bedeutet, dass es kein schöner Fadoabend werden kann. Am einfachsten ist das in teuren Fado-Restaurants, die Profifado und Abendessen bieten. Man zahlt keinen Eintritt, dafür sind Essen und Getränke teurer. Alternativ: Fadokneipen, in denen Amateure oder Nachwuchssängerinnen auftreten. Während der Vorführung sollte absolute Stille herrschen, alles andere wird als Beleidigung verstanden.

im Gegenteil. Heute ist die Mouraria kein Viertel ohne Probleme, aber es gibt viele Initiativen zur Unterstützung der Bewohnerinnen und Bewohner. Die meisten gehören der Unterschicht an, viele haben Wurzeln in China, Indien, Bangladesch, Pakistan, Mosambik oder Angola. Es ist das wohl multikulturellste Viertel der Stadt und gleichzeitig typisch Lissabon.

Berço do Fado

Wir können hier in Ruhe spazieren, sollten aber unsere Wertsachen im Blick haben. Unser erstes Highlight ist eine in Marmor gehauene portugiesische Gitarre, der ❶ **Berço do Fado,** die Wiege des Fado, am Beginn der Rua do Capelão. Sie wurde zu Ehren des Fado errichtet und als Erinnerung daran, dass die Mouraria der Geburtsort dieses Musikstils sei. Allerdings beansprucht die Alfama das Gleiche für sich. Wahrscheinlich haben beide recht. Aber aus der Mouraria stammte die erste bekannte Fadosängerin Maria Severa Onofriana, eine Sexarbeiterin, die etwa 50 Meter weiter die Straße hoch wohnte, am ❷ **Largo Severa.** Die Sängerin starb früh, mit 26 Jahren, im Jahr 1846. In ihrem ehemaligen Wohnhaus befindet sich heute das Fadolokal Maria da Mouraria.

Hinter dem Platz biegen wir kurz rechts in die Sackgasse Beco do Jasmim ein, denn hier befindet sich ein gutes Restaurant mit toller Terrasse. **The Food Temple** ist seit über einem Jahrzehnt eine der bekanntesten veganen Adressen der Stadt. Das Lokal selbst ist winzig, daher finden die meisten Gäste ihren Platz vor der Tür: auf

Largo Severa

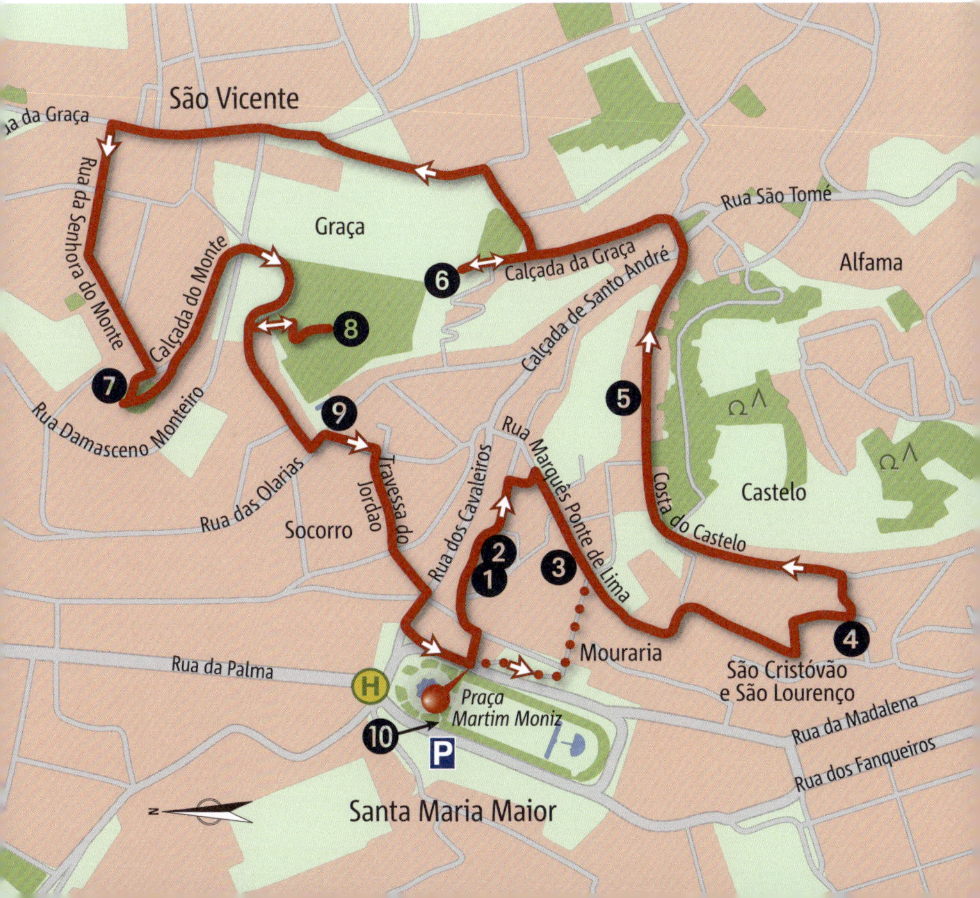

den Treppenstufen mitten in der Mouraria. Hier haben die Besitzer Kissen bereitgelegt und Tischchen aufgestellt, sodass wir gemütlich speisen und die Mouraria auf uns wirken lassen können.

Danach begleitet uns der Fado noch ein Stück weiter durch das Viertel. An Hauswänden sind Bilder von Fadogrößen zu sehen. So an der Ecke, wo die Gasse Beco dos Três Engenhos, die wir vorher rechts eingeschlagen sind, auf die Rua Marquês Ponte de Lima trifft. Hier ist eine der weltweit bekanntesten Fadosängerinnen abgebildet: Mariza. Erkennbar durch ihre kurz geschnittenen, blond gefärbten Haare. Wir schlendern diese Straße weiter bergauf, die schönste Straße des Viertels: die 3 **Rua Marquês Ponte de Lima.** Sie ist gesäumt von Bäumen und hübschen Hausfassaden. Drehen wir uns um, sehen wir den Turm der Kirche von Graça. Wer nicht so viel gehen möchte, konnte von Martim Moniz eine Rolltreppe den Hügel hinauf nehmen, sie endet hier.

Wir spazieren weiter durch das Viertel, vorbei an Kirchen und Graffiti, Minimärkten und Cafés, bis wir links in die kleine Gasse Beco das Flores einbiegen, um zum 4 **Largo Achada** zu gelangen. Was für eine tolle Entdeckung! Der kleine Platz ist eine Ruheoase fernab des Straßenverkehrs und Touristengedränges. Die drei Bäumchen blühen rosa, die Fenster und Türen der anliegenden Häuser sind geöffnet, Mittagessensgerüche, Fernsehstimmen und Musik dringen heraus. An der Ecke repariert jemand ein Auto, eine ältere Dame trägt ihre Einkäufe die Stufen hoch, eine Nachbarin grüßt sie vom Balkon. Alles in leisen Tönen, fast schüchtern. Hinter den Häusern hören wir die untere Mouraria murmeln. Direkt zu Beginn des Platzes steht eins der ältesten Häuser der Stadt. Es stammt aus der Zeit des Erdbebens 1755, dessen spitz zulaufende Türen und Fenster sind heute in Lissabon selten zu sehen.

Nach einer Verschnaufpause geht es für uns ans Treppensteigen, die **Escadinhas da Achada** hinauf. Oben beginnen schon die tollen Aussichten und es lohnt sich, ab und zu einen Blick zurück oder zur Seite zu werfen. Auch die

Escadinhas da Achada

Largo Achada

Hausfassaden der Costa do Castelo, der letzten bewohnten Straße unter der Burg, in die wir links abbiegen, sind beachtenswert. Nach einer Weile sehen wir links das **Teatro Taborda.** Hier versteckt sich ein lange gut gehütetes Geheimnis. Es kostet Überwindung, es hier preiszugeben, aber allmählich hat es sich sowieso immer weiter herumgesprochen: das 5 **Café da Garagem** mit seiner großen Fensterfront und seinem großartigen Ausblick. Es liegt im Keller des Theaters, wir gehen also rechts an der Kasse vorbei die Treppen hinunter. Das Café ist liebevoll eingerichtet, hat eine Terrasse und sogar einen Garten. Vor hier aus sehen wir vor Blicken geschützt auf die Häuser von Mouraria und Graça und auf dessen Aussichtspunkt. Unser nächstes Ziel.

Also verlassen wir das gemütliche Café und steigen die steile Calçada da Graça hinauf. Oben angekommen, treffen wir auf einen kleinen Platz mit Bäumen und einem Brunnen. Wir laufen links daran vorbei und erreichen den Aussichtspunkt 6 **Miradouro da Graça,** vor Kloster und Kirche. Es ist eines der ältesten Klöster der Stadt, wurde aber oft umgebaut. In Zukunft soll hier ein Hotel einziehen. Die in Rosa und im Rokokostil gehaltene Kirche kann umsonst besichtigt werden, für den beeindruckenden Kreuzgang aus dem 16. Jahrhundert wird Eintritt verlangt. Besonderer Beliebtheit erfreut sich die Terrasse davor. Eine kleine Statue erinnert daran, dass der Aussichtspunkt der Dichterin Sophia de Mello Breyner Andresen gewidmet ist. Von hier aus haben wir einen tollen Blick auf die Burg São Jorge links und darunter das Café, in dem wir kurz zuvor noch saßen.

Rechts erstreckt sich ein weiterer Aussichtspunkt in den Himmel – unser nächstes Ziel. Dafür laufen wir einmal um das ehemalige Augustinerkloster herum, vorbei an der blau gekachelten Arbeitersiedlung Vila Sousa bis zum **Largo da Graça.** Hier hält ratternd die Tram, Tuk-Tuks

Café da Garagem

Blick auf den Miradouro da Graça

7 MOURARIA UND GRAÇA

Largo da Graça

brausen vorbei und Anwohnerinnen gehen zwischen Touristen ihren alltäglichen Besorgungen nach. Um den Platz gibt es einige Restaurants, Geschäfte und Cafés. Es ist der Treffpunkt des Viertels. Hier ist auch das Café **A Cabreira,** ein typisch portugiesisches Café, das so aussieht, wie früher die meisten Cafés ausgesehen haben: langer Tresen, in dem hinter einer Glasscheibe die Leckereien liegen, davor stehen Frauen und Männer und trinken ihren Espresso. Im hinteren Teil sind einfache Tische und Stühle, auch draußen davor. Es ist kein hübsches Café, aber traditioneller geht es nicht, auch was die Preise betrifft. Es ist eine super Adresse für typisch portugiesische Backwaren. Wir stellen uns eine kleine Auswahl zusammen – für später.

Denn erst steigen wir weiter hinauf. Wir nehmen die Dritte links, die so heißt wie der Aussichtspunkt, zu dem wir wollen: **Rua da Senhora do Monte.** Der gleichnamige 7 **Miradouro** ist der höchste Aussichtspunkt der Stadt und bietet atemberaubende Sicht. Wir können alles überblicken: links die Burg São Jorge, darunter das Zentrum und die Mouraria, dahinter den Fluss, die Brücke, die Christus-

Jardim da Cerca da Graça

statue, rechts die Ruinen des Klosters Carmo, den Wald Monsanto und Häuser, Häuser, Häuser. Eine Steintafel erklärt, was zu sehen ist. „Goldene Aussicht", so heißen auf Portugiesisch die Aussichtspunkte: *miradouro*. Offiziell gibt es mehr als 30 in der Stadt, da ist es schwer, den besten auszusuchen. Die Einheimischen nennen meist diesen als den mit dem besten Blick. Klar, die gute Sicht hat sich mittlerweile herumgesprochen, und so tummeln sich auf dem Platz viele Leute. Wir ziehen uns ganz rechts auf die Mauer zurück und genießen unsere Snacks. Straßenmusiker untermalen das rege Treiben. Hinter uns steht eine weiße Kapelle mit Marienstatue aus dem 13. Jahrhundert. Der sich darin befindende Thron gehörte einem der ersten Lissabonner Bischöfe. Links von uns ist ein kleines Törchen, dahinter führen schmale Stufen hinab in den **Secret Garden LX,** eine Bar, die durch Bäume vor den Blicken der Besucher geschützt ist. Wenige wissen, dass der Zugang nicht zu einem Privatgelände führt. Hier gibt es kühle Drinks, einen großartigen Blick auf den Sonnenuntergang und Livemusik. Psst … nicht verraten!

Secret Garden LX

Nun machen wir uns an den Abstieg. Wir verlassen den Aussichtspunkt über die Calçada do Monte und treffen kurz hinter der Kreuzung auf den Eingang zu einem Park, dem **8 Jardim da Cerca da Graça.** Ein noch relativ junger öffentlicher grüner Ort der Stadt, lange gehörte er zum Kloster von Graça. Heute ist es der größte Park der Altstadt mit einer Wiese, auf der Lavendel und Obstbäume wachsen.

Hier picknicken Familien, Kinder spielen Ball oder auf dem Spielplatz am Cafépavillon. Pärchen genießen weiter oben die Sonne unter der lang gestreckten Pergola mit Blick auf den Park und die anliegenden Häuser.

Wir verlassen den Park durch den Eingang und setzen unseren Weg durch die Mouraria nach unten fort. An der Ecke Rua dos Lagares und Largo das Olarias drehen wir uns kurz um: An einer weißen Wand hat der portugiesische Street-Art-Künstler **Vhils** sich verewigt in Form von in die Wand gemeißelten 9 **Porträts.** Sehr beeindruckend. Wir biegen vom Largo das Olarias in die Travessa do Jordão ein, die nach zwei Dritteln des Wegs ihren Namen in Calçada da Mouraria ändert. Für uns geht es weiter geradeaus, bis wir unten ankommen und zu unserer Rechten den Platz Martim Moniz sehen. Hier endet unsere Tour.

TOPO

Der Platz hält auch noch einen Geheimtipp bereit: die Rooftopbar 10 **TOPO.** Sie befindet sich auf dem Dach des Kaufhauses **Centro Comercial Martim Moniz.** Und damit gut verborgen, denn viele Touristen würden normalerweise dieses Gebäude nicht betreten – was es so interessant macht. Es ist Treffpunkt vieler Immigranten aus China, Pakistan, Osttimor, Indien und den afrikanischen Ländern mit Portugiesisch als Amtssprache. Auf fünf Etagen befinden sich zahlreiche kleine Geschäfte, die Handyzubehör, Küchengeräte, Kosmetik, geflochtene Körbe, afrikanische Stoffe und vieles mehr anbieten. In der sechsten Etage befindet sich die Bar, ein Aufzug führt hinauf. Hier blicken wir mit unserem Getränk in der Hand auf die Straßen der Mouraria und Graça, in denen wir den Tag verbracht haben.

8

Start: LX Factory, Rua Rodrigues de Faria 103, 1300-501 Lissabon
Ziel: Torre de Belém, Avenida Brasília, 1400-038 Lissabon
Länge: ca. 6 Kilometer
Dauer: ca. 2 Stunden
ÖPNV: Haltestelle Calvário; am Ziel: Haltestelle Largo Princesa
Parken: Parkplatz an der LX Factory

UNTERWEGS ENTDECKT

1. LX Factory
2. Experiência Pilar 7 (Brückenmuseum)
3. Museu de Arte, Arquitetura e Tecnologia (MAAT)
4. Museu Nacional dos Coches (Kutschenmuseum)
5. QUAKE (Erdbebenmuseum)
6. Palácio Nacional de Belém
7. Jardim Botânico Tropical
8. Mosteiro dos Jerónimos (Hieronymitenkloster)
9. Centro Cultural de Belém
10. Rosa dos Ventos (Windrose)
11. Torre de Belém

ESSEN + TRINKEN

Restaurante Rui dos Pregos, Rua da Junqueira 508, 1300-341 Lissabon, Tel. +3 51 (21) 3 62 12 37 (ein Klassiker: Prego, ein portugiesisches Steak auf dem Teller oder im Brot)
Pão Pão Queijo Queijo, Rua de Belém 126, 1300-086 Lissabon, Tel. +3 51 (21) 3 62 63 69 (Sandwiches mit verschiedenen Belägen, immer lange Warteschlangen)
Café Pastéis de Belém, Rua de Belém 84–92, 1300-085 Lissabon, Tel. +3 51 (21) 3 63 74 23, pasteisdebelem.pt (legendäre Puddingtörtchen in den Räumlichkeiten eines ehemaligen Klosters)

ALCÂNTARA UND BELÉM

Museumshopping

Einige der meistbesuchten Orte Lissabons finden sich auf dieser Route. Wir starten im industriellen Hafenviertel Alcântara direkt neben der Ponte 25 de Abril, in dessen ehemaligen Fabrikhallen sich mittlerweile ein sehr angesagtes Kulturzentrum befindet. Danach wird es klassischer, und wir gehen am Fluss entlang ins kleine Viertel Belém, das wahrscheinlich aus so vielen Besuchern wie Einwohnern besteht, befinden sich hier doch einige der populärsten Sehenswürdigkeiten der Stadt.

Hipsterhausen. So kann diese kleine Welt vielleicht auch beschrieben werden. Wir betreten sie durch ein Tor, über dem der Name aus Glühbirnen leuchtet: 1 **LX Factory.** Sie war einmal eine alte Stofffabrik, die 1846 den Betrieb aufnahm, heute beheimatet sie Cafés, Start-up-Büros, Boutiquen, Ateliers, Restaurants und Bars. Sie ist wie ein Viertel im Viertel, eine eigene Welt eben, deren Besucherinnen und Besucher hauptsächlich zwischen 20 und 40 Jahre alt sind. Hier können wir nicht nur shoppen und schlemmen, sondern auch fotografieren. Ein Motiv folgt auf das nächste: der kleine Van, der fast unter den Blumen verschwindet, die hier verkauft werden, der größte Buchladen der Stadt **Ler Devagar** mit seiner gigantischen Bücherwand, der Blick von der Dachterrasse des **LX Hostels,** die wir auch betreten können, ohne Gäste des Hostels zu sein, auf das Treiben unten und natürlich die viele Street-Art

LX Factory

Experiência Pilar 7

portugiesischer und internationaler Künstler – sogar auf den Toiletten. Die meisten befinden sich in dem Fabrikgebäude, das unbedingt erkundet werden möchte.

Danach verlassen wir die kleine Welt durch den Eingang und tauchen in das Hafenviertel ein. Dafür gehen wir die Rua Rodrigues de Faria geradeaus und am Largo das Fontaínhas rechts, bis wir zur Rua de Cascais kommen. Wir überqueren die mehrspurige Straße und tauchen unter. Eine Passage führt uns unter den viel befahrenen Straßen hindurch bis zu einem Parkplatz, dahinter liegen die **Docks.** Hier treffen sich Einheimische gern bei mildem Wetter in einem der am Ufer aufgereihten Lokale. Sehr beliebt ist das Restaurant **Rui dos Pregos,** dessen Spezialität die portugiesischen Steak-Hamburger sind: Pregos, dünne Rind-

fleischstücke, die in einem würzigen Sud gekocht und in einem Brötchen gegessen oder auf dem Teller serviert werden, dann mit Pommes, Salat und einem Spiegelei. Wir sitzen hier direkt neben der **Ponte 25 de Abril,** einer der größten Hängebrücken der Welt. Oft wird sie als kleinere Version der Golden Gate Bridge gehandelt. 1966 wurde sie eingeweiht und hieß damals noch Ponte Salazar, nach der Nelkenrevolution wurde sie nach diesem Tag umbenannt. Schon hier unten hören wir das Brrrummm ... Zzzzzummm ... von der Fahrbahn. Fährt ein Zug durch die zweite Ebene, rattert es gewaltig.

Noch lauter ist der Lärm oben, auf Fahrbahnhöhe. Wer das Geschehen einmal aus nächster Nähe ansehen mag, schwindelfrei ist und eine schöne Aussicht liebt, sollte das Brückenmuseum ❷ **Experiência Pilar 7** besuchen. Es befindet sich in dem Brückenpfeiler, der uns am nächsten ist, und erzählt die Geschichte der Brücke, besitzt vor allem aber eine Glasplattform direkt neben dem siebten Pfeiler der Brücke. Hier stehen wir direkt neben den vorbeirauschenden Autos. Ein kleiner Teil ist komplett aus Glas und wir können bis zur Promenade hinunterschauen.

Auf ebendieser geht unser Spaziergang nun weiter. Hier lässt es sich angenehm flanieren. Darum sind hier auch so viele Radfahrer und Joggerinnen unterwegs. Genauso hell wie das Promenadenpflaster ist das Museum für Kunst, Architektur und Technologie, besser bekannt unter seiner Abkürzung ❸ **MAAT.** In dem futuristischen Gebäude aus weißen Kacheln befinden sich auf 3000 Quadratmetern vier großzügige Räume, in denen wechselnde Ausstellungen und Veranstaltungen internationaler Kunstschaffender stattfinden. Ein Highlight: Das Dach des Museums ist begehbar und einer der besten Sonnenuntergangsspots der Stadt. Neben dem MAAT befindet sich das alte Lissabonner Kohlekraftwerk, heute auch ein Museum. Das Ticket gilt für beide Museen, sie gehören zusammen. Dieses große alte Gebäude könnte von außen nicht gegensätzlicher zum MAAT sein und ist mit seinen leuchtend roten Backsteinen gleichzeitig genauso ein Blickfang. Hier wird die Geschichte

Sonnenuntergang vom MAAT

QUAKE

des Kraftwerks erzählt und in die Zukunft geschaut: auf erneuerbare Energien.

Ein Stückchen weiter erreichen wir den Bahnhof von Belém, ein Übergang führt uns über die Schienen weg vom Tejoufer. Wenn wir an der anderen Seite die Treppen wieder hinabsteigen, stehen wir direkt vor dem 4 **Museu Nacional dos Coches,** dem Kutschenmuseum, das die weltweit führende Sammlung historischer Kutschen zeigt und eines der meistbesuchten Museen Portugals ist. Direkt dahinter versteckt sich das 5 **QUAKE,** das Erdbebenmuseum von Lissabon. Ein multimediales Erlebniszentrum, leider mit hohem Eintrittspreis. Wir dürfen es nicht allein erkunden, sondern werden in einer Gruppe geführt, denn wir begeben uns auf eine Reise. Erst erfahren wir alles über Erdbeben, kurzweilig und interaktiv. Danach befördert uns eine Zeitmaschine ins Lissabon des Jahres 1755. Wir laufen durch die Gassen der Altstadt und hören Geschichten der Anwohner. Schließlich sitzen wir in einer nachgebauten Kirche – wenn es plötzlich zu beben beginnt. Es rüttelt und schüttelt. Hier wird das verheerende Erdbeben simuliert und danach die zerstörte Stadt gezeigt. Zum Abschluss erfahren wir alles über den Wiederaufbau der Stadt und es gibt Tipps, wie man sich bei einem heutigen Erdbeben zu verhalten hat.

EUROPAS STÄRKSTES ERDBEBEN

Es ist schon lange her und doch überall präsent in Lissabon: das Erdbeben von 1755. Am 1. November bebte plötzlich die Erde und legte innerhalb von Sekunden den Großteil der Innenstadt in Schutt und Asche. Darauf folgten mehrere Brände und eine riesige Tsunamiwelle. Es kamen dabei so viele Menschen ums Leben, dass erst rund 100 Jahre später die Einwohnerzahl wieder erreicht wurde. Bis heute gilt es als das stärkste Erdbeben aller Zeiten in Europa, mit 8,5 bis 8,7 auf der Richterskala. Danach begann der Wiederaufbau unter dem damaligen Premierminister Marquês de Pombal, der die Innenstadt neu planen ließ. Vor allem Downtown, die Baixa, musste komplett neu aufgebaut werden, da sie völlig zerstört war. Daher ist sie heute im Schachbrettmuster angelegt.

Draußen sind wir wieder in der Gegenwart und gehen vorbei am rosafarbenen 6 **Palácio Nacional de Belém.** Hier sind Amtssitz und offizielle Wohnung des portugiesischen Präsidenten. Der Palast mit seinen prunkvollen Sälen kann besichtigt werden, genauso wie das benachbarte Museu da Presidência da República, wo uns die portugiesischen Präsidenten vorgestellt werden. An jedem dritten Sonntag im Monat ist vor dem Palast feierlicher Wachwechsel mit Musik.

Palácio Nacional de Belém

Pastéis de Belém

Nun haben wir uns eine besondere Stärkung verdient. Die gibt es nur ein paar Schritte weiter: die weltberühmten **Pastéis de Belém** in der gleichnamigen Konditorei. Ähnliche Puddingteilchen können zwar in jeder Konditorei gekauft werden, doch ihr Ursprung liegt angeblich hier, in Belém, im benachbarten Hieronymitenkloster. Die Mönche bekamen von Gläubigen häufig Eier und Milch geschenkt, hinzu gaben sie Zucker, Vanille und Zimt. Das bekamen sie aus den ehemaligen Überseegebieten. Die meisten portugiesischen Desserts bestehen aus einer Eigelb-Zucker-Masse. Das Eiweiß wurde zum Stärken der Roben genutzt. Nach dem geheimen Rezept aus Belém wird dort heute noch gebacken. Andere Konditoreien haben eigene Rezepte entwickelt und versuchen, so nah wie möglich an das Original heranzukommen.

Wir könnten die Teilchen im gefliesten Speiseraum der Konditorei genießen, aber wir nehmen sie to go und spazieren weiter zum 7 **Jardim Botânico Tropical.** Wer lieber etwas Herzhaftes mag, kann zwar auch in der Konditorei Kleinigkeiten bekommen, aber besser noch ein paar Häuser weiter im Sandwich-Restaurant **Pão Pão Queijo Queijo.** Auch hier sind häufig Warteschlangen, da die Sandwiches gerade bei jüngeren Portu-

Jardim Botânico Tropical

giesinnen und Portugiesen äußerst beliebt sind. Die Karte zeigt eine lange Liste von möglichen Belägen – man darf aber auch eigene Wünsche äußern. So ausgestattet betreten wir den Botanischen Garten – und gleichzeitig die Tropen. Denn auf 7 Hektar wachsen hier rund 600 tropische und subtropische Pflanzenarten aus allen Teilen der Erde. So reisen wir zwischen Teichen mit Schildkröten, Araukarien und Guavenbäumen nach Lateinamerika, Afrika und Asien. Letzteren Erdteil markiert das Macau-Tor, hinter dem sich ein orientalisch angelegter Garten mit Skulpturen befindet. Früher war die exotische Pracht Teil der königlichen Gärten des Präsidentenpalastes in Belém, heute gehört der Garten zur Universität von Lissabon. An einem großen Teich unter Bananenstauden und neben Hibiskussträuchern machen wir es uns schließlich gemütlich und genießen die knusprig und samtweich-cremigen Pastéis de Belém.

Nur ein paar Meter entfernt steht die Top-Sehenswürdigkeit von Belém und das schönste Kloster der Stadt, das 8 **Mosteiro dos Jerónimos.** Unübersehbar. Das war auch gewollt: Das Hieronymitenkloster sollte das Erste sein, was

Mosteiro dos Jerónimos

vom Schiff aus bei Ankunft in Lissabon zu sehen war, und zeigt heute noch, wie reich und mächtig Portugal einmal war. Wer schon draußen durch die vollkommene Manuelinik, den sogenannten Zuckerbäckerstil, aus dem Staunen nicht mehr herauskam, wird innen überfordert sein von so vielen Verzierungen, Details, Kunstfertigkeit und Symbolhaftigkeit. Hier gibt es so viel zu entdecken und zu bestaunen. Bereits die Portale sind beeindruckend, dahinter finden sich sechs Pfeiler, die sich zu Palmen auffächern und einen Himmel aus Sternen und Quadraten bilden. Ein absolutes Highlight ist der doppelstöckige Kreuzgang, geradezu märchenhaft, so verspielt und hell, unbestritten einer der schönsten weltweit. Im oberen Teil befindet sich der Eingang zur **Empore,** von der aus wir einen beeindruckenden Blick in die Kirche werfen können. Die Arbeiten am Kloster begannen 1501 und dauerten rund 100 Jahre. Seit 1983 ist es UNESCO-Weltkulturerbe. Vor dem Kloster bilden sich häufig sehr lange Warteschlangen, gerade beim Zugang zum Kreuzgang. Vor der Kirche wartet man teilweise nicht so lange, ihr Eintritt ist frei.

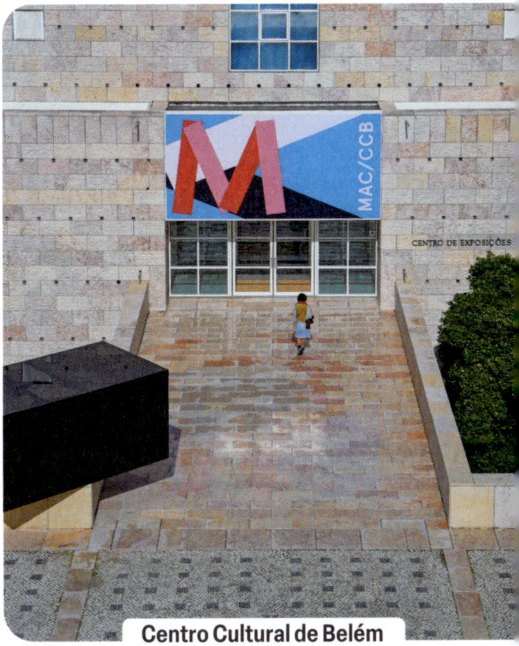

Centro Cultural de Belém

Nun entfernen wir uns etwas vom Kloster und gehen in die weite Parkanlage davor. Von hier kommt der weiße Kalkstein, der sich glänzend vom blauen Himmel abhebt, richtig zur Geltung. Wir reißen unseren Blick aber davon los und richten ihn auf das nächste helle Gebäude: das 9 **Centro Cultural de Belém,** das Kulturzentrum. Es wurde anlässlich der portugiesischen EG-Präsidentschaft 1992 errichtet und besteht aus hellem, leicht rosafarbenem Marmor. Hier finden Konferenzen, Konzerte und Theateraufführungen statt. Und hier befindet sich das bedeutendste Museum für moderne und zeitgenössi-

Padrão dos Descobrimentos

sche Kunst des Landes: Es ist die Kollektion des Finanzinvestors und Kunstsammlers Joe Berardo, die mehr als 4000 Werke umfasst. Wir treffen auf Salvador Dalí, René Magritte, Max Ernst, Joan Miró, Pablo Picasso und Roy Lichtenstein. Im dritten Stock befindet sich ein Café-Restaurant mit Terrasse und super Blick auf den Tejo.

Diesem nähern wir uns nun wieder, indem wir neben dem Kulturzentrum die unterirdische Passage nehmen – wir tauchen vor dem **Padrão dos Descobrimentos** wieder auf. Auf Portugiesisch heißt das Seefahrerdenkmal „Denkmal der Entdeckungen" – eine mittlerweile in die Kritik gekommene Bezeichnung. Von unserer Seite sieht es aus wie ein riesiges Schwert, von der Flussseite wie der Bug eines Schiffes. Es wurde 1960 zum 500. Todestag von Heinrich dem Seefahrer errichtet, der an dessen Spitze steht. Vor dem Denkmal befindet sich in den Boden eingelassen das Kunstwerk **10 Rosa dos Ventos,** eine riesige Windrose aus Marmor mit einer Weltkarte mit allen ehemaligen überseeischen Kolonien Portugals sowie der Jahreszahl, als die Portugiesen diese erreichten, im Zentrum. Die Windrose war ein Geschenk von Südafrika an Portugal, den besten Blick darauf haben wir von der Aussichtsterrasse des Denkmals.

Wir gehen am Fluss entlang weiter, bis wir zum Garten des **11 Torre de Belém** gelangen. Die große Rasenfläche bietet viel Platz zum Picknicken, Ballspielen und Ausruhen – und wird dazu auch kräftig genutzt. An dessen Ende lässt sich vor allem bei Ebbe ein kleiner Strand sehen, von wo aus wir einen Holzsteg betreten können, der uns zum Eingang des Turms führt. Der Turm ist äußerst beliebt und es bilden sich lange Schlangen von dem Steg bis in den Park. Er ist heute UNESCO-Weltkulturerbe und das Wahrzeichen der Stadt vor der Stadt. Der Torre wurde einst als Leuchtturm und Verteidigungsturm an der Einfahrt des Tejo errichtet, im manuelinischen Stil, dem prunkvollen portugiesischen Architekturstil aus dem 16. Jahrhundert, in dem auch das Hieronymitenkloster gebaut wurde. Zwischen 1514 und 1520 entstand er, damals noch mitten im Fluss (das Hieronymitenkloster befand sich damals direkt am Tejoufer). Durch das Erdbeben von 1755, bei dem der Turm fast unbeschädigt blieb, trat das Ufer weiter vor. Ganz oben gelangen wir auf eine **Aussichtsplattform** mit großartigem Blick bis zur Meermündung. Hier können wir abends der Sonne beim Eintauchen ins Meer zusehen.

Nicht weit vom Park am Turm entfernt bringt uns die Straßenbahn zurück zum Ausgangspunkt. Auf dieser Strecke fahren die historischen Bahnen, aber auch neue klimatisierte Trams. Tramfans können auf dem Rückweg noch das Straßenbahnmuseum **Museu da Carris** in Alcântara nahe der LX Factory besuchen.

Rosa dos Ventos

Torre de Belém

9

Start/Ziel: Bus- und Straßenbahnhaltestelle Rua do Açúcar, 1950-009 Lissabon
Länge: ca. 3,5 Kilometer
Dauer: ca. 1,5 Stunde
ÖPNV: Haltestelle Rua do Açúcar
Parken: Parkplatz am Convento do Beato, Alameda do Beato, 1950-042 Lissabon

UNTERWEGS ENTDECKT

1. Dois Corvos Cervejeira (Craftbierbrauerei)
2. 8 Marvila (Kulturzentrum)
3. Fassade von Abel Pereira da Fonseca
4. Fábrica de Braço de Prata (Kulturzentrum)
5. Musa de Marvila (Craftbierbrauerei)
6. Galeria Underdogs
7. Parque Ribeirinho Oriente
8. Fábrica Moderna

ESSEN + TRINKEN

Restaurante Aquele Lugar que Não Existe, Rua do Açúcar 89, 1950-006 Lissabon, Tel. +3 51 (96) 0 01 62 08 (Fusionsküche an einem ganz besonderen und ausgefallenen Ort)
The Marvila Bakehouse, Praça David Leandro da Silva 6, 1950-064 Lissabon, Tel. +3 51 (91) 2 28 10 82 (Konditorei in historischem Gebäude mit leckeren Zimt- und Pistazienschnecken)
Restaurante Taqueria Paloma, Praça David Leandro da Silva 9 a, 1950-064 Lissabon, Tel. +3 51 (96) 3 74 55 73 (mexikanisches Restaurant mit Tacos und Cocktails)

MARVILA

Industrieparty

Marvila ist ständig in Bewegung! Es befindet sich im Wandel, wurde doch erst vor ein paar Jahren so richtig entdeckt und ist seitdem Heimat von Kunstschaffenden und Gastronomen fernab der Touristenströme. Das industrielle Hafenviertel mag auf den ersten Blick wenig verlockend wirken, doch hinter den Mauern der Lagerhallen warten Kulturzentren mit einem breiten Angebot.

Die **Rua do Açúcar** ist sozusagen die Hauptstraße dieses Viertels von Marvila. Sie führt einmal durch das ganze Viertel und hier liegen auch die meisten sehenswerten Orte. Bei Einheimischen ist Marvila schon länger als Szeneviertel bekannt, Touristinnen und Touristen kommen noch eher zaghaft, liegt es doch abseits der Innenstadt und ist nicht an die Metro angebunden. Sind wir einmal hier, müssen wir aber gar nicht so viel laufen, denn alles befindet sich in der Nähe – dieses Viertel von Marvila ist nicht groß. Vormittags ist hier nichts los, das meiste öffnet erst später, bis weit in den Abend hinein. Besonders am Wochenende kommen Lissabonnerinnen und Lissabonner hierher, um die Kunstgalerien, Cafés, Konzerte, Restaurants und Bars zu besuchen.

Rua do Açúcar

Von der Bushaltestelle auf der Rua do Açúcar gehen wir links die Rua José Domingos Barreiros. An deren letzter Ecke befindet sich die populäre Craftbierbrauerei 1 **Dois Corvos Cervejeira.** Deren Biere wurden bereits mehrfach international ausgezeichnet und ihr Schankraum war der erste seiner Art in Portugal. Mittlerweile sind die Biere auch in gut sortierten Märkten und Bars zu bekommen – im In- und

Dois Corvos Cervejeira

Taqueria Paloma

Ausland. Monatlich werden drei bis vier neue Biere herausgebracht. Es gibt sowohl dunkle, malzige Biere als auch helle, frische und fruchtig-süße. *Dois corvos* heißt übersetzt „zwei Raben". Die Raben sind das Symbol von Lissabon. Der Legende nach eskortierten zwei Raben den Leichnam des heiligen Vincent, Lissabons Stadtpatron, mit dem Schiff bis in die Stadt.

Wir gehen die Rua Capitão Leitão, auf der wir uns befinden, bis zum Ende und treffen wieder auf die Rua do Açúcar. Genau hier an der Ecke ist unser nächster Stopp: ein Ort, den es nicht gibt. Das sagt jedenfalls sein Name: **Aquele Lugar que Não Existe.** Es gibt keine Fotos, keine Homepage, keine Speisekarte online, keinen Social-Media-Account – und was nicht im Internet zu finden ist, gibt es ja auch nicht, oder? Dennoch sind die beiden Restaurants mit dem gleichen Namen, die einander genau gegenüberliegen, bekannt und beliebt. Antimarketing, das funktioniert. Eins hat den Zusatz „lá em cima", da oben. Von dessen Terrasse aus können wir über die Häuser schauen. Beide Restaurants sind eingerichtet aus einem kuriosen Sammelsurium verschiedenster Gegenstände, die ihnen eine einzigartige Atmosphäre geben und unbedingt entdeckt werden wollen. Auch die Speisen sind interessante Zusammenstellungen verschiedener Küchen wie Pizzen mit exotischen Kombinationen und indischen Gerichten.

Wir gehen weiter die Zuckerstraße, Rua do Açúcar, entlang und kommen zum nächsten kulinarischen Halt: die mexikanische **Taqueria Paloma,** wo noch bis 2 Uhr morgens Tacos serviert werden. In dem riesigen Lagerhaus stehen die Tische und Stühle dicht beieinander, auch alle Plätze an der langen Bar sind besetzt. Mexikanische Klänge, lateinamerikanische Kellnerinnen und Kellner, ganz viel gute Laune und diese Düfte! Das Restaurant vermittelt das geordnete lateinamerikanische Chaos und den positiven Vibe, den alle so lieben. Die Tacos können nach Belieben zusammengestellt werden. Dazu gibt's Soßen und Säfte oder Cocktails. Gut sind die Margaritas.

Nach all dem Schlemmen benötigen wir etwas Kultur. Die gibt's direkt nebenan im Kulturzentrum 2 **8 Marvila.**

8 Marvila

Auch dieser Ort befindet sich, wie die meisten hier, in einer ehemaligen Lagerhalle, diesmal ein Weinlager. Schätzungsweise 5 Millionen Liter sollen hier verwahrt worden sein. Heute können wir hier vegane Pizza essen, uns tätowieren lassen, ein Gemälde erstehen und Pflanzen züchten. Auf der 22.000 Quadratmeter großen Fläche befinden sich Geschäfte, eine Kunstgalerie, ein Donutladen, eine Bar, ein Konzertsaal und sogar Padel-Tennis-Courts. Am Wochenende ist hier oft der beliebte Flohmarkt Anjos70. Mittlerweile konkurriert 8 Marvila als alternatives Kulturzentrum im industriellen Look schon mit der international beliebten LX Factory in Alcântara am anderen Ende der Stadt. Ein Must-Visit für Pflanzenliebhaber ist der Blumenladen **Planta Livre** ganz am Ende des Geländes. Zimmerpflanzen sind die Spezialität, hier finden wir aber alles, in Riesiggroß und Winzigklein. Dazu ganz viele Gadgets und Accessoires, Dekoration und Information für echte *plant lovers*. Bilder, Bücher, Blumenerde. Gartenzubehör, Schreibwaren, Spiele. Nicht verpassen: ein Besuch des ladeneigenen Labors. Hier werden acht verschiedene Erdarten und Substrate vorgestellt und zum Verkauf angeboten. Ach ja, und es gibt noch ein Café, für alle, die sich dem Pflanzenflair nicht entziehen können. Schön zum Chillen ist aber auch der große Platz des Kulturgeländes direkt bei der Bar, wo öfter Livemusik gespielt wird und wo es viele abwechslungsreiche Sitzmöglichkeiten gibt.

Planta Livre

Die ehemalige Weinlagerstätte 3 **Abel Pereira da Fonseca** gehört mit ihrer beeindruckenden **Fassade** zu den meistfotografierten Motiven des Viertels: vor allem wegen

The Marvila Bakehouse

der riesigen kreisrunden Glasfenster des Lagerhauses. Über den Fenstern steht im Halbkreis der Name des früheren Besitzers, des Landwirts und Geschäftsmannes Abel Pereira da Fonseca. Anfang des 20. Jahrhunderts hat er sich mit dem Weinhandel einen Namen gemacht. Seine Nachfahren haben 8 Marvila gegründet, zu dem auch das **Marvila Bakehouse** gehört. Hier bekommen wir Croissants mit Pistaziencreme und sitzen in einer der rot gestrichenen Holztüren unter den riesigen runden Fenstern mit super Blick aufs Treiben an der Praça David Leandro da Silva.

Von einem Kulturzentrum zum nächsten gehen wir die Straße weiter und erreichen die 4 **Fábrica de Braço de Prata.** Das große Gebäude war einmal eine Waffenfabrik. Heute ist es Restaurant, Konzerthaus, Museum und Bar in einem. Hinein kommen wir über den dahinterliegenden Parkplatz und können das große Haus mit den über 20 Räumen erkunden. Es geht über schwarz-weiß geflieste Böden, alte Holzdielen, das knarzende, breite Treppenhaus

PORTUGALS KAFFEEKULTUR

Cafés und Konditoreien gibt es in Lissabon an jeder Ecke. Und das ist eher noch untertrieben. Denn in Portugal geht ohne Kaffee nichts. Der Morgenkaffee wird meist an der Theke in der Konditorei oder am Cafépavillon an der Straßenecke, auf dem Platz oder im Park getrunken. Es ist ein kleiner Espresso. Den bekommt jeder, der einen *café* bestellt. Dann gibt es noch viele Varianten: ein doppelter, ein gestreckter, mit einem Tropfen Milch, mit Schnaps, ohne Koffein. Auch beim Milchkaffee gibt es Unterschiede. Der normale ist halb-halb. Der beliebteste Milchkaffee der Lissabonner aber ist der *galão:* ein 0,2-Liter-Glas mit Espresso und heißer Milch. Auch in der Mittagspause wird zumindest der Kaffee außerhalb des Büros oder der Wohnung getrunken. Portugiesen treffen sich lieber draußen als zu Hause. Cafés sind die wohl beliebtesten Treffpunkte – viele sind bis zum späten Abend geöffnet und bieten häufig auch Mittagstisch und Abendessen. Hier werden Pläne geschmiedet, Sorgen geteilt, debattiert, gelacht, gefeiert oder einfach nur Zeitung gelesen. Auch wenn die Preise in den letzten Jahren stark angestiegen sind, sind Kaffeespezialitäten in Portugal immer noch günstiger als in Deutschland.

Fábrica de Braço de Prata

hinauf, vorbei an rot, gelb und blau gestrichenen 4 Meter hohen Wänden. Hinter jeder Tür verbirgt sich etwas anderes. In vier Räumen finden abends Konzerte statt, die übrigen fungieren als Bibliothek, Kinosaal, Ateliers, Musikschule und Secondhandladen. Es ist schwer zu beschreiben, was das Kulturzentrum genau ist. Am besten einfach hinkommen, entdecken und mitfeiern.

Musa de Marvila

Das geht auch bei 5 **Musa de Marvila,** der anderen mittlerweile überaus bekannten Craftbierbrauerei Lissabons. Dafür gehen wir nicht die Straße weiter geradeaus, sondern leicht links hoch auf die Rua do Vale Formoso. Hier geht's um Musik. Die Partys sind legendär, jeden Abend legen bekannte DJs auf oder es gibt musikalisch-thematische Feiern. Und auch beim Bier spielt die Musik: Das erste Musa-Bier hieß Mick Lager. Es folgten Born in the IPA, Red Zeppelin und Twist & Stout. In diesem Lokal ist außer dem Bier und den Partys die Terrasse ein Highlight. Sie liegt die Treppe hoch und ist mit roten Holzbänken und -tischen, bunten Wandmalereien und farbenfrohen Sonnensegeln ausgestattet. Feigenbäume und blühende Büsche, die ihre Äste über die Mauer strecken, sorgen für noch mehr Wohlfühlsommerabendflair.

Einmal rechts, dann die Zweite links abgebogen und es wartet wieder Kunst auf uns: in der 6 **Galeria Underdogs.** Ihr Schwerpunkt liegt auf urban inspirierter zeitgenössischer Kunst. Gute Ausstellungen namhafter aufstrebender portugiesischer Kunstschaffender werden gezeigt, wie von Street-Art-Künstlern und Fotografinnen. Bevor sie eine Galerie wurde, war Underdogs eine Kunstplattform. Geschaffen und kuratiert von einem der bekanntesten

Street-Art-Künstler Portugals: Alexandre Farto alias Vhils. Bekanntheit erlangte er über seine Porträts, die er erschafft, indem er die Motive aus Hauswänden herausmeißelt und -fräst. Sie sind überall in Lissabon zu finden – auch in Marvila. So, wie sich viel weitere Street-Art in den Straßen versteckt.

Wir spazieren rechts und dann links und sehen hier den Beweis dafür, dass Marvila immer moderner wird – und immer mehr Menschen anlockt, hier zu wohnen. Es ist sogar ein groß angelegtes neues Urbanisierungsprojekt geplant, sodass das Viertel sich in Zukunft noch stärker verändern wird. Bisher wurden Wohnraum geschaffen und ein Park am Flussufer: der 7 **Parque Ribeirinho Oriente.** Von hier aus können wir theoretisch nach Norden am Ufer entlang-

Parque Ribeirinho Oriente

gehen bis zum Parque das Nações, dem ehemaligen Expo-Gelände. Leider ist jedoch ein kleines Zwischenstück noch nicht herausgeputzt, das ist noch in Planung, hier befinden sich aktuell leer stehende Hallen. Gerade am Wochenende sind aber viele Spaziergänger und Familien unterwegs und genießen den Walk entlang des Tejo, der hier seine breiteste Stelle hat.

Wir gehen langsam wieder zurück in Richtung unseres Ausgangspunkts, auch am Ufer entlang, das an manchen Stellen sogar mit einem kleinen Sandstrand gesäumt ist. Hinzu kommen zwei Container, in denen sich ein Café und eine Bibliothek mit Terrasse befinden. Nach all dem urbanen Industrieflair ist es schön, wieder auf Grün zu blicken und das Wasser plätschern zu hören. Am Kinderspielplatz geht es geradeaus über die Kreuzung. Wir passieren in der Rua da Fábrica de Material de Guerra die Fábrica de Braço de Prata, bei der wir links abbiegen. Im Herzen des Viertels spazieren wir an der Galerie **Marvila Art District** vorbei und dahinter rechts die Straße hoch. Die Erste links, sind wir auf der Rua Direita de Marvila, die uns zur 8 **Fábrica Moderna** führt, einer Kreativwerkstatt. Hier können Kunstschaffende Ateliers mieten, werden bei der Erstellung neuer Projekte betreut, es werden Workshops angeboten – und man kann auch einfach mal vorbeischauen, den Künstlerinnen und Künstlern bei der Arbeit zusehen und Kreativität und Inspirationen mit nach Hause nehmen.

Marvila Art District

Nun geht's nur einmal um die Ecke und wir sind wieder an der **Rua do Açúcar,** die uns zurück zu unserem Ausgangspunkt führt.

10

Start/Ziel: Bahnhof Oriente, Avenida Dom João II, 1900-233 Lissabon
Länge: ca. 8 Kilometer
Dauer: ca. 2,5 Stunden
ÖPNV: Haltestelle Oriente
Parken: Parque de Estacionamento Saba Gare do Oriente, Avenida Dom João II 1.15, 1990-233 Lissabon

UNTERWEGS ENTDECKT

1. Hundertwasser in der U-Bahn-Station
2. Homem-Sol (Sonnenmann)
3. Pavilhão de Portugal
4. Pavilhão do Conhecimento (Technikmuseum)
5. Jardins da Água
6. Oceanário
7. Jardim das Ondas (Wellengarten)
8. Seilbahn
9. Lince Ibérico de Bordalo II
10. Torre Vasco da Gama
11. Ponte Vasco da Gama
12. Gare do Oriente

ESSEN + TRINKEN

Restaurante Cantinho do Avillez, Rua do Bojador 55, 1990-048 Lissabon, Tel. +3 51 (21) 8 70 03 65, cantinhodoavillez.pt (eines der Restaurants des portugiesischen Sternekochs José Avillez)

Restaurante Han Table Barbecue, Rua da Pimenta 5, 1990-280 Lissabon, Tel. +3 51 (21) 8 27 43 76 (koreanisches Barbecue, Fleisch und Gemüse selbst in der Tischmitte grillen)

PARQUE DAS NAÇÕES

Das moderne Lissabon

Wir spazieren über das ehemalige Gelände der Weltausstellung von 1998, Lissabons neustem Stadtteil am Ufer des Tejo. Hier sehen wir moderne Architektur, tauchen mit Haien unter Wasser und bleiben dabei komplett trocken, fahren Seilbahn, entdecken Street-Art und stehen an der längsten Brücke der EU. Es geht immer am Fluss entlang, angenehm ebenerdig.

Der Osten Lissabons wurde lange weitgehend landwirtschaftlich genutzt, in den 1950er- und 1960er-Jahren entstanden viele Sozialwohnungen. Die EXPO 98 brachte dann rund um ihr Gelände moderne Hochhäuser, große Hotels und viele Restaurants. Dort zu wohnen, direkt am Fluss und mit allen Annehmlichkeiten, hat aber seinen Preis. Besonders am Wochenende kommen Menschen von überall aus der Stadt gern hierher, um die Grünanlagen und Lokale zu nutzen und am Fluss zu flanieren. Wir wollen es ihnen gleich-

Am Tejo

10 PARQUE DAS NAÇÕES

Homem-Sol

tun und starten am großen **Bahnhof Oriente.** Schon beim Ausstieg aus der U-Bahn fällt uns die 1 **farbenfrohe Station** auf. Elf Kunstschaffende von fünf Kontinenten haben sie gestaltet, darunter der Österreicher **Friedensreich Hundertwasser,** der an einer riesigen Wand den Untergang von Atlantis zeigt.

Wir gehen durch den Hauptausgang und passieren die sich direkt davor befindliche Shoppingmall Vasco da Gama. Nach dem Verlassen des großen Gebäudes stehen wir direkt vor einer 20 Meter hohen Skulptur. Der Sonnenmann, 2 **Homem-Sol,** des Lissabonner Künstlers Jorge Vieira besteht aus rund 15 Tonnen Eisenoxid und erinnert an eine menschliche Figur mit vielen Armen und Beinen – ihr Kopf scheint die Sonne zu bilden, jedenfalls war sie die Inspiration. Heute zählt die Skulptur zu einem der klassischen Fotomotive hier.

Wir spazieren nach rechts auf der Alameda dos Oceanos, der zentralen Straße des

Pavilhão de Portugal

Parque das Nações, Park der Nationen, wie das ehemalige EXPO-Gelände heute genannt wird. Rund 50 Hektar umfasst das ganze Gebiet, auf dem etwa 20.000 Bäume wachsen und auch Architekturliebhaber auf ihre Kosten kommen. Da sehen wir direkt links den ③ **Pavilhão de Portugal,** der vom weltberühmten portugiesischen Stararchitekten Álvaro Siza Vieira für die Weltausstellung geschaffen wurde. Der Pavillon besteht aus einem imposanten Betondach, das an Stahlseilen aufgehängt ist, 1400 Tonnen wiegt, aber so schwerelos wirkt, als wäre es aus Stoff. Rechts und links davon befinden sich zwei große Portale aus Beton. Wie bei allen anderen Gebäuden war auch hier von Anfang an vorgesehen, es nach der Messe weiter zu nutzen, aber es war nicht klar, wie. Nun dient es zeitwei-

Jardins da Água

se als Ausstellungsraum. Die Universität von Lissabon beabsichtigt, es zu sanieren und in ein Forschungszentrum umzuwandeln.

Weiter auf der breiten, von Bäumen gesäumten Straße kommen wir zum nächsten Pavillon: dem 4 **Pavilhão do Conhecimento,** Pavillon des Wissens, ein Technikmuseum. Es liegt in einem Gebäude des international bekannten portugiesischen Architekten João Luís Carrilho da Graça und hat einen großen Innenhof, von dem aus die Aufgänge sich in Form von breiten Rampen nach oben winden. Hier werden wechselnde Ausstellungen zu wissenschaftlichen Themen gezeigt, die leicht verständlich und interaktiv aufbereitet sind. Besonders Kinder experimentieren hier begeistert.

Direkt dahinter liegen die Wassergärten 5 **Jardins da Água.** Gerade an heißen Tagen ist es eine Wohltat, hier eine Pause einzulegen und mit den Füßen im kühlen Nass zu plantschen. Unter hohen Palmen gehen wir zu einem modernen Wasserfall, laufen über breite Steine durch flache Gewässer, entdecken kleine Wasservulkane und immer wieder Tierskulpturen. Wer mag, könnte jetzt noch etwas nach Süden durch das Viertel spazieren, vor allem die Promenade am Fluss und der Marina entlang, an deren Ende man einfach umdreht und zurückgeht.

Wir wollen jetzt das Highlight des Parque das Nações besuchen, das direkt neben dem Wassergarten liegt: das 6 **Oceanário,** das mit einer Reise in verschiedene Unterwasserwelten auf uns wartet. In dem riesigen Aquarium sind Flora und Fauna fünf verschiedener Klimazonen vereint: insgesamt 15.000 Tiere, darunter etwa 200 Arten von Fischen, aber auch Vögel, Säugetiere und Reptilien. In dem gigantischen Hauptbecken, das an vielen Stellen durch riesige Glaswände einsehbar ist, schwimmen Barrakudas, Rochen, Mondfische und Haie vorbei. Was für ein Ah und Oh! In anderen Becken sehen wir Korallenriffe mit bunten Tropenfischen. Wir tauchen aus den Tiefen des Meeres auf und beobachten Pinguine, Seevögel und Otter. Letztere sind die Stars des Oceanário. Wie schön, dass wir die flinken Schwimmer von oben und unten betrachten können.

Oceanário

Jardim das Ondas

So sehen wir oben, wie sie händchenhaltend durchs Wasser gleiten, aber auch ihre tollkühnen Wendemanöver unter Wasser. Tipp: Vormittags unter der Woche können wir die Mitarbeitenden beim Füttern der Tiere und Putzen des Haibeckens beobachten.

So viel Aufregung verlangt nach einer Pause. Wie gut, dass sich direkt neben dem Ozeanarium der 7 **Jardim das Ondas** befindet, der Wellengarten. Seinen ungewöhnlichen Namen hat die Rasenfläche von den in ihr eingelassenen Hubbeln, die an Wellen erinnern und in die wir uns bequem hineinlegen können. Wer den Tejo und das EXPO-Gelände von etwas weiter oben betrachten möchte, kann hier in die 8 **Seilbahn** einsteigen. Alle anderen laufen die 1,23 Kilometer am Wasser entlang. Von oben und unten sehen wir den iberischen Luchs, 9 **Lince Ibérico,** des Künstlers **Bordalo II,** geschaffen aus Müll, der auf das vom Aussterben bedrohte Tier aufmerksam machen soll.

Wer spaziert, kann nun einkehren und koreanisches Barbecue probieren. Bei **Han Table Barbecue** grillen wir Fleisch, Fisch, Garnelen, Auberginen und Pilze selbst in der

KUNST AN JEDER ECKE

Lissabon ist eine Stadt voller Kunst. Einerseits historische Kunst wie die Kacheln an den Hauswänden, das schwarz-weiße Straßenpflaster, die kunstvoll-prächtigen Gebäude – andererseits ist überall moderne Street-Art zu finden. Werke von nationalen und internationalen Kunstschaffenden wie Banksy, Wasted Rita, Utopia oder Shepard Fairy. Manche Werke bleiben nur ein paar Monate, andere hingegen halten sich jahrelang und gehören schon zum Stadtbild. Wie die der portugiesischen Street-Art-Künstler Vhils und Bordalo II, die zuerst Lissabon und danach die ganze Welt erobert haben.

Vhils ist bekannt für seine in weiße Wände gemeißelten Porträts und Gesichtspartien. Bordalo II schafft Kunst aus Müll. Er möchte mit seinen Werken auf unsere Wegwerfgesellschaft und deren Folgen aufmerksam machen. Gemäß seinem Motto „Mancher Menschen Müll ist der Reichtum anderer" kreiert er aus Plastikstühlen, Wellblech, Autoteilen, Dosen, Verkehrskegeln und Farbe gigantische Murals und Skulpturen.

Seilbahn

Lince Ibérico by Bordalo II

Tischmitte. Die Zutaten werden in kleinen Schälchen serviert, dazu gibt es hausgemachte Soßen. Jeder Tisch hat einen runden eingelassenen Grill und darüber eine Lampe mit Abzugshaube. Ideal für einen langen Abend mit Freunden. Nur ein Stück weiter befindet sich die nächste Essensempfehlung: das Restaurant des portugiesischen Starkochs José Avillez. Hier werden portugiesische Gerichte mit asiatischen und brasilianischen Einflüssen geboten. Das **Cantinho do Avillez** besteht aus zwei geschmackvoll eingerichtet und dekorierten Etagen mit jeweils einer Terrasse mit Tejoblick. Mittags gibt es ein günstigeres Menü

Torre Vasco da Gama

und kleinere Portionen. Von beiden Restaurants gibt es auch Filialen in der Innenstadt – was bei den allermeisten Lokalen hier der Fall ist.

Wir gehen am Wasser entlang und vergessen immer wieder, dass es sich um einen Fluss und nicht um das Meer handelt. So breit ist der Tejo hier. Wir erreichen den 10 **Torre Vasco da Gama,** wo die Seilbahn endet. Mit seinen 145 Metern ist er Lissabons höchster Turm. Darin befinden sich ein Luxushotel mit Sternerestaurant und eine Rooftopbar. Die Aussicht können wir aber auch ohne Cocktail genießen, ein gläserner Aufzug bringt uns gegen Eintritt (abends teurer) zur Indoor-Aussichtsplattform.

Wir lassen den Turm hinter uns und spazieren weiter am Wasser entlang durch einen weitläufigen Garten. Immer im Blick: die 11 **Ponte Vasco da Gama,** die längste Brücke in der Europäischen Union. Unglaubliche 17,2 Kilometer ist sie lang und sehr niedrig, sie befindet sich meistens nicht weit über der Wasseroberfläche. Nur an zwei Stellen wölbt sie sich, um Platz für Schiffe zu machen. Darüber führt eine sechsspurige Autobahn. Kurz vor der Brücke befindet sich ein Holzsteg, er bietet sich am besten für Brückenfotos an.

Zurück zum Bahnhof laufen wir nicht wieder am Wasser entlang, sondern für das urbane Flair über die Alameda dos Oceanos. Dafür spazieren wir erst am Park entlang auf dem Passeio dos Heróis do Mar und schlagen dann rechts die Travessa Corto Maltese ein. Wir schlendern vorbei am kleinen Platz mit den lila blühenden Bäumen, dem **Jardim dos Jacarandás,** bis wir, geradeaus weitergehend, auf die Alameda dos Oceanos kommen. Von Weitem sehen wir vor uns rechts schon die einzigartige Überdachung des Bahnhofs, die an bestimmten Stellen an Palmen erinnert, dann wieder eher an eine gotische Kathedrale. Der spanische Architekt Santiago Calatrava hat den Ostbahnhof ⑫ **Gare do Oriente** natürlich auch für die Weltausstellung entworfen. Er ließ sich von der Natur inspirieren, und so erinnern Teile auch an Flügel, die dem großen Gebäude eine Dynamik verleihen und es lebendig zu machen scheinen.

Ponte Vasco da Gama

11

Start: Praça da Figueira, 1100-241 Lissabon
Ziel: U-Bahn-Haltestelle Santa Apolónia, Avenida Infante Dom Henrique, 1100-486 Lissabon
Länge: ca. 3 Kilometer
Dauer: ca. 1,5 Stunden
ÖPNV: Haltestelle Rossio; am Ziel: Haltestelle Santa Apolónia
Parken: Parque Praça da Figueira, Praça da Figueira 1, 1100-241 Lissabon, oder Estacionamento Chão do Loureiro – EMEL, Calçada do Marquês de Tancos 3, 1100-34o Lissabon

UNTERWEGS ENTDECKT

1. Graffito Fado Vadio
2. Igreja de São Cristóvão
3. Aussicht am Estacionamento do Chão do Loureiro
4. Castelo de São Jorge
5. Miradouro do Recolhimento
6. Miradouro de Santa Luzia
7. Comic von Nuno Saraiva
8. Museu do Fado
9. Largo de Santo Estêvão
10. Igreja de São Vicente de Fora
11. Feira da Ladra
12. Panteão Nacional

ESSEN + TRINKEN

Taberna O Velho Eurico, Largo São Cristóvão 3, 1100-179 Lissabon (traditionelle portugiesische Taverne in Jung)
Restaurante Chapitô à Mesa, Costa do Castelo 7, 1149-079 Lissabon, Tel. +3 51 (21) 8 87 50 77, chapito.org (Speisen im Zirkuszelt)
Clara Clara Café, Jardim Botto Machado, 1100-471 Lissabon, Tel. +3 51 (21) 8 85 01 72 (Gartencafé mit toller Aussicht)

ALFAMA

In den verschlungenen Gassen der Altstadt

Es riecht nach Fisch und der frisch gewaschenen Wäsche, die auf Spanngittern vor den Fenstern weht. Darunter Pflanzenkübel vor den gekachelten und farbig gestrichenen Hauswänden in den schmalen Gassen. Wir sind im ältesten Viertel der Stadt: der Alfama. Sich zu verirren ist hier kaum vermeidbar, wir versuchen, uns trotzdem an die Route zu halten. In jedem Fall werden wir hübsche Ecken und versteckte Plätze entdecken, aber auch große Monumente und gutes Essen. Nicht alle Geheimnisse dieses bewohnten Irrgartens werden gelüftet, damit er noch lange seinen einzigartigen Charme behält.

Wir nehmen nicht den typischen Weg in die Alfama, vorbei an der Kathedrale, sondern starten am Nachbarplatz des berühmten Rossio, der **Praça da Figueira.** Von hier haben wir einen guten Blick auf die Burg São Jorge, die eines unserer ersten Ziele sein wird. Ja, dort hinauf soll es gehen. Motiviert steigen wir in der Nähe des Platzes unterhalb der Burg links die Treppen Escadinhas de São Cristóvão hinauf. Hinein in die Mouraria, die später in die Alfama übergeht. In der Mitte der Treppe sehen wir links das große **1 Graffito zu Ehren des Fado.** Die Musikrichtung wird uns auch auf diesem Spaziergang immer wieder begegnen, ist sie doch in den alten Vierteln mit den schmalen Häusern und noch schmaleren Gassen, vielen Treppen und winzigen Plätzen entstanden. Wir gehen rechts an der Kirche **2 Igreja de São Cristóvão** vorbei, werfen aber vorher noch einen Blick hinein. Denn sie ist eines der wenigen mittelalterlichen Gebäude der Stadt, die nicht beim Erdbeben von 1755 eingestürzt sind, und eines der seltenen Beispiele des frühen portugiesischen Barocks.

Blick von der Praça da Figueira

Graffito Fado Vadio

Alfama

Direkt daneben befindet sich die Taverne **O Velho Eurico,** die so beliebt ist, dass man nur mit Glück oder weit im Voraus einen Tisch bekommt. Eurico war ein Junge aus der Provinz, der in die Stadt geschickt wurde, um in einer Holzkohlefabrik zu arbeiten. Ganz in der Nähe der Taverne, die er später eröffnen sollte. Nachdem er in den Ruhestand gegangen war, nahmen sich junge Portugiesen mit Gastroerfahrung der Taverne an und modernisierten sie. Das Wesentliche aber ist geblieben: die typischen portugiesischen Gerichte nach traditionellem Rezept. Kabeljau, Tintenfisch, Kartoffeln, Reis, Bohnen, Kohl ... und über allem der Geruch von Olivenöl und Knoblauch. Wir spazieren die Straße weiter. Am Parkhaus **Estacionamento do Chão do Loureiro** treten wir rechts über eine kleine Brücke auf den Aufzug zu. Wir wollen aber weder ins Parkhaus noch ins Rooftop-Restaurant. Wir gehen dennoch auf Letzteres zu, täuschen aber nur an. Direkt daneben befindet sich nämlich ein

③ Aussichtspunkt – völlig kostenfrei. Die Sicht ist grandios: links die Kathedrale Sé, rechts der Mitte der Aufzug Santa Justa und das Kloster Carmo. Wie schön, dass dieses Dach so zufriedenstellend genutzt wird.

Zurück auf der Straße, folgen wir der Costa do Castelo, bis vor uns Jugendliche auf ihr jonglieren und kleine Kunststücke aufführen. Es sind Mitglieder der **Zirkusschule Chapitô,** die hier ihr Zelt aufgeschlagen hat. Die gemeinnützige nichtstaatliche Organisation setzt sich für benachteiligte Jugendliche ein und fördert sie im Bereich der darstellenden Künste. Zudem lernen sie, Events zu organisieren. Sie wohnen im benachbarten Haus zusammen mit nationalen und internationalen Artisten. Der Eingang ist unauffällig, auch die Spitze des Zirkuszelts ist von der Straße aus nicht

zu sehen. Den Eingang bildet ein kleiner Souvenirladen. Es gibt Selbstgemachtes von Lissabonner Kunstschaffenden – tolle alternative Mitbringsel! Wir gehen durch die hintere Tür und steigen die Stufen hinunter. So kommen wir ins **Restaurant** oder besser: ins Zirkuszelt. Wer eine Zirkusvorführung ansehen möchte, benötigt dafür Tickets. Ansonsten kann man hier speisen oder kommt auf einen Drink vorbei. Die Gerichte sind von der traditionellen portugiesischen Küche inspiriert. Manche Zirkusschülerinnen kellnern hier. Neben dem Restaurant unterm Zirkuszelt liegt die Bar **Bartô,** die auch zu Chapitô gehört.

Zirkusschule Chapitô

Wir tauchen aus der magischen Zirkuswelt wieder in die Realität ein und nehmen die nächste Straße links den Burgberg hinauf. Hier reiht sich schon ein touristischer Souvenirladen an den nächsten und bereitet uns auf das vor, was uns erwartet: viele Besucherinnen und Besucher, die die Burg und die sich in ihrer unmittelbaren Nähe befindlichen Häuschen und Gässchen besichtigen möchten. Das 4 **Castelo de São Jorge** ist einen Besuch wert, bietet es doch den wohl beeindruckendsten Rundumblick auf die ihm zu Füßen liegende Stadt. Es lohnt sich, vorher ein Ticket zu reservieren. Die Ursprünge der Festung sind nicht ganz geklärt. Sicher ist, dass die Römer eine feste Siedlung auf dem Burgberg hatten. Im Lauf der Zeit wurde viel hinzu- und umgebaut, Teile zerfielen oder wurden zerstört. Westgoten, Mauren und portugiesische Könige waren an den Umbauarbeiten beteiligt. Während des Estado Novo ließ Portugals Diktator Salazar die Burg abreißen und originalgetreu neu aufbauen. Sie sieht also aus wie aus dem Mittelalter, ist aber kaum älter als 80 Jahre und verströmt eine ganz eigene Atmosphäre. Hinter den dicken Mauern, zwischen Olivenbäumen, Korkeichen, Kiefern und Obstbäumen, ist es ruhig, viele Leute unterhalten sich

Castelo de São Jorge

Blick vom Miradouro do Recolhimento

mit gedämpfter Stimme. Häufig laufen uns wilde, aber an Menschen gewöhnte Pfauen über den Weg. Die Besucher verteilen sich gut in den verschiedenen Bereichen der Festung und auf der Burgmauer. Kurz vor Sonnenuntergang ist das Licht traumhaft und die Stimmung besonders.

Das reicht uns aber nicht an Aussicht, denn wir sind schließlich den ganzen Berg hinaufgegangen. Also schlendern wir durch die alten Gassen, bis die Rua do Recolhimento uns zu einem eingezäunten Spielplatz bringt. Ist das weiße Tor geöffnet, können wir eintreten, gehen an dem Spielplatz vorbei, um die Ecke – und uns eröffnet sich ein ganz neuer Blick auf die Alfama. Ein zudem ganz privater, denn dieser Aussichtspunkt, der 5 **Miradouro do Recolhimento,** versteckt hinter Spielplatz und Zitrusbäumen, ist noch unbekannt inmitten eines Touri-Hotspots, da viele sich nicht trauen, das Tor zu durchschreiten.

Largo de Santa Luzia

Beseelt von den Aussichten steigen wir den Burgberg über die Travessa do Chão da Feira hinab und stoßen auf den nächsten Aussichtspunkt, den 6 **Miradouro de Santa**

Luzia neben der gleichnamigen Kirche. Hier steht rechts die wohl schönste **Bougainvillea** der Stadt und leuchtet stolz in prächtigem Pink. Dahinter eine mit blau-weißen Kacheln verzierte Mauer, die zum Hinsetzen einlädt. Für etwas Privatsphäre setzen wir uns direkt hinter die Baumkrone und werden so von der Blütenpracht verdeckt. Einen besseren Ausblick haben wir aber weiter oben an der im 18. Jahrhundert erbauten Kirche. Das große Kachelmosaik an ihrer Außenwand erzählt von Lissabons Eroberung durch die Christen. Daneben bietet eine Pergola mit Weinranken ein schattiges Plätzchen mit gutem Ausblick. Hier sind immer sehr gute Straßenmusiker vertreten, die mit Geige, Saxofon, Klarinette oder Gitarre für die besondere Stimmung sorgen.

Etwas die Straße hoch sind wir noch mehr im Touri-Trubel. Aber am **Largo Portas do Sol** ist die Aussicht auf die Kirchtürme von São Vincente der Fora, die Kuppel des Pantheons und die dazwischenliegende Alfama hinreißend. Wir sehen hier also unsere weiteren Ziele des Spaziergangs, aber erst einmal tauchen wir ein in Lissabons ältestes Viertel. Noch immer ist es wie ein Dorf in der Stadt mit eigenen

Miradouro de Santa Luzia

Bougainvillea

Traditionen, aber längst ist es nicht mehr die Heimat der Fischer, Handwerker, Hafenarbeiter und ihrer Familien. Damals beherbergte die Alfama auch das Rotlichtviertel. In den 1970er-Jahren kamen Künstlerinnen und Gastronomen. Heute ist es das Viertel mit den meisten Lokalen, in denen der traditionelle portugiesische Musikstil Fado aufgeführt wird. Lange war die heruntergekommene Alfama für viele Lissabonner eine No-go-Area. Seit über 10 Jahren boomt sie – die Häuser wurden renoviert, die Mieten teurer und mittlerweile gibt es hier mehr Touristenunterkünfte als normale Wohnungen. Dennoch schafft es die Alfama bisher, ihre Seele zu bewahren und mit ihrem Charme und den Fadoklängen Touristen wie Einheimische zu verzaubern.

Für diese Erfahrung gehen wir vom Aussichtspunkt ein paar Schritte zurück und nehmen die Rua Norberto de Araújo nach unten, um direkt wieder anzuhalten. In einem kurzen Tunnel, der den Eingang zu einer öffentlichen Toilette bildet, ist die 7 **Geschichte Lissabons** als Comic dargestellt. Oder zumindest die wichtigsten Teile. Seit das Kunstwerk von **Nuno Saraiva,** das sich über unseren Köpfen wölbt, zerstört wurde, schützt eine Plexiglasscheibe nun vor Übermalung.

Nach der kleinen bunten Geschichtsstunde steigen wir weiter hinab und schlängeln uns durch die Gassen. Treppen führen uns zum **Largo de São Miguel,** wo wir von Orangenbäumen begrüßt werden. Ein perfekter Ort für einen kleinen Zwischenstopp, die Bäumchen und Graffiti laden zu Fotosessions ein. Hier beginnen die Fadorestaurants der Alfama, die uns weiter begleiten werden. Nicht alle bieten gute Qualität, sowohl an Essen als auch an Sängern. Wenn im Juni das größte Stadtfest ansteht, schmücken die Bewohnerinnen und Bewohner der Alfama ihre Straßen mit Girlanden und Lampions. Das Fest ist zu Ehren des beliebtesten Heiligen der Lissabonner: Santo Anónio, der in der Alfama geboren wurde. Einige Überbleibsel der Feierlichkeiten zieren das ganze Jahr die Gassen.

Wir schlendern weiter hinab, durch Sträßchen, die manchmal so eng sind, dass keine zwei Menschen neben-

Comic von Nuno Saraiva

Largo de São Miguel

einander gehen können. Frauen bieten uns auf klapprigen Tischchen vor ihrer Haustür selbst gebrannten Kirschlikör an. Dann eröffnet sich ein heller Platz vor uns, an dessen gegenüberliegender Seite das rosafarbene 8 **Museu do Fado** steht, das einmal ein Wasserwerk war. Hier erfahren wir mehr über die Geschichte und Bedeutung der portugiesischen Musik mit vielen Hörproben, Filmausschnitten und einer nachgebildeten Fadokneipe. Manchmal finden Konzerte im **Museumscafé** statt. Ein Besuch des Cafés ist auch sonst empfehlenswert, der geht auch ohne Museumsticket, da es einen schönen Ausblick auf die Alfama bietet.

Wir verlassen das Museum und laufen nach rechts, die Rua dos Remédios hinauf und dann die Treppen weiter hoch. Denn in Lissabon folgt auf bergab meistens bergauf – und umgekehrt. Die Stufen führen uns zu winzigen Plätzen, umringt von Hauseingängen, bis wir den 9 **Largo de Santo Estêvão,** den Vorplatz der Kirche Igreja de Santo Estêvão, erreichen. Hier sind wir im ruhigeren Teil der Alfama, dem meistbesuchten Viertel der Stadt, und die Zeit scheint plötzlich langsamer zu vergehen. Auf einem Balkon steht eine ältere Dame mit geblümter Schürze und unterhält sich mit einem Mann mit Hund unter ihr auf dem Kopfsteinpflaster. Zwei Touristinnen laufen vorbei – und wieder zurück. Die Zeit, sich hinzusetzen und das Viertel auf sich wirken zu lassen, nehmen sich die wenigsten. Wir schon. Die Kirche hinter uns wurde 1733 erbaut und ist ein schönes Beispiel für den portugiesischen Barock jener Zeit. Von hier blicken wir auf die roten Dächer und den Tejo.

Nach der Pause schlendern wir an der Kirche vorbei auf die Rua do Vigário und nehmen die erste Straße links hinauf, die Rua das Escolas Gerais. Immer weiter hinauf, über die Calçada de São Vicente geradeaus. Hier rattert die alte Tram durch die enge Straße, wir hören sie schon von Weitem. Jede Ecke nimmt sie quietschend und geht es stark bergauf, scheint sie zu schnauben. Schließlich stehen wir vor der Kirche ⑩ **Igreja de São Vicente de Fora,** deren Türme wir schon von vielen Aussichtspunkten gesehen haben. Sie ist nicht immer geöffnet, aber wenn man Glück hat und die großen Türen offen stehen, lohnt es sich, hineinzugehen.

Daran angeschlossen ist das gleichnamige **Mosteiro,** beide benannt nach dem heiligen Vinzenz, dem offiziellen Stadtpatron von Lissabon. Rechts unterhalb der Treppe, die zur Kirche führt, geht es zum Kloster, der Eingang ist

LISSABONS STRASSENBAHN

Weiß-gelb rattert sie durch Lissabon: die Straßenbahn, genannt *elétrico,* die Elektrische. Am beliebtesten ist die Linie 28, da sie viele Sehenswürdigkeiten anfährt und so für wenig Geld eine gute Stadtrundfahrt bietet. Allerdings sind die Warteschlangen an den Haltestellen so lang, dass einem die Lust vergeht. Glücklicherweise gibt es Alternativen: die Linien 25 und 12. Letztere ist eine Rundfahrt um den Hügel, auf dem die Burg São Jorge steht. Sie ist die kürzeste Tramlinie der Stadt. Wir müssen dem Fahrer in der anrauschenden Bahn mit der Hand ein Zeichen geben, damit er anhält. Einstieg ist vorne. Es geht quietschend durch die Alfama. Auf der Strecke bieten sich verschiedene Stellen für einen Aufenthalt an. Um anzuhalten, drücken wir auf einen der kleinen roten Knöpfe, die in der holzvertäfelten Wand eingelassen sind.

Für Tramfans gibt es das Straßenbahnmuseum, das Museu da Carris, in Alcântara.

von Bougainvilleen gesäumt. Es war einmal ein Augustinerkloster, dann ein Gymnasium, heute befinden sich hier die Kurie des Patriarchats von Lissabon und ein Museum mit einem wenig bekannten Aussichtspunkt. Sehenswert sind im Kloster die Sakristei, der mit eingelegtem Marmor reich verzierte Adelseingang, die Zisterne, die noch aus dem mittelalterlichen Kloster stammt, sowie die mehr als 100.000 prächtigen blau-weißen Kacheln. Eine ganz andere Atmosphäre herrscht im Pantheon der Dynastie Bragança: Hier ruhen die letzten Könige Portugals, der Raum ist kahl und diesig. Lieber wieder in die Sonne! Erst geht es auf die **Dachterrasse** des Klosters und dann auf das **Kirchendach** – ein absolutes Highlight! Das Dach ist ausladend und komplett begehbar. Wir haben einen Rundumblick auf die Stadt. Hier ist es ruhig, denn weder Straßenlärm noch viele Besucher kommen hinauf.

An der Igreja Santo Estêvão

Feira da Ladra

Wir verlassen das Kloster, biegen rechts um die Kirche und passieren den Bogen. Dahinter befindet sich die ehemalige Markthalle des Viertels. Dienstags und samstags ist hier Flohmarkt, die ⑪ **Feira da Ladra,** der Flohmarkt der Diebin. Hunderte Händlerinnen und Händler bauen dann ihre Stände auf, in dem Mercado de Santa Clara wird Selbstgemachtes verkauft. Er bildet den Mittelpunkt des Treibens, außen befinden sich kleine Läden, in denen Händlerinnen Antiquitäten, Vintagekleidung und Kunst verkaufen. Auf dem Parkplatz davor biegen sich Tapeziertische unter Ausrangiertem und Selbstgemachtem. Die Straße, die von der Markthalle bis zum Platz vor dem Pantheon führt, ist von Tischen übersät und auf dem großen Platz mit den violett blühenden Bäumen liegen Decken mit Kleidung, Spielzeug und Haushaltswaren auf dem Asphalt. Der Flohmarkt wird seit 1272 abgehalten, damals am Tor zur Burg São Jorge. Seit 1903 ist er hier am Campo

Panteão Nacional

de Santa Clara. Wer in Ruhe stöbern möchte, kommt am besten dienstags. Dann sind allerdings in der Regel nicht nur weniger Besucher, sondern auch weniger Stände hier zu finden. Samstags ist großer Flohmarkttag mit dementsprechend viel Gewusel und Angebot.

Der kleine, ruhige Park Jardim Botto Machado bietet einen tollen Blick von oben auf das Flohmarkttreiben. Auch an Nicht-Flohmarkt-Tagen ist das **Clara Clara Café** im Park empfehlenswert. Es hat eine gute Auswahl an Sandwiches und Toasts, die Tische stehen alle im Freien und bieten einen hübschen Blick auf den Fluss – oder in die andere Richtung auf das ⑫ **Panteão Nacional,** unser letzter Stopp. Das Pantheon ist eigentlich eine barocke Kirche, wurde aber 1916 zur nationalen Begräbnisstätte erklärt. Ganze 300 Jahre hat der Bau gedauert, erst Mitte des 20. Jahrhunderts wurde die Kuppel aufgesetzt. Hier liegen Staatspräsidenten und nationale Größen begraben, wie Schriftsteller, Sängerinnen und auch Fußballer. Manche Sarkophage haben nur symbolische Bedeutung und sind leer. Es lohnt sich, mit dem Aufzug aufs Dach zu fahren und den Blick auf die Alfama und den Tejo zu genießen.

Nun geht es für uns im Zickzackkurs bergab, bis wir an dem hübschen rot-weißen Gebäude des **Bahnhofs Santa Apolónia** ankommen. Von hier bringt uns die Metro zum Ausgangspunkt zurück.

12

Start/Ziel: Cais do Sodré, Rua da Cintura do Porto de Lisboa, 1249-249 Lissabon
Länge: ca. 6,5 Kilometer
Dauer: ca. 3 Stunden
ÖPNV: Haltestelle Cais do Sodré
Parken: Parque de Estacionamento Cais do Sodré, Rua da Cintura do Porto de Lisboa, 1200-161 Lissabon

UNTERWEGS ENTDECKT

1. Ortskern von Cacilhas
2. Igreja de Nossa Senhora do Bom Sucesso
3. Jardim do Castelo de Almada
4. Cristo Rei (Christusstatue)
5. Casa da Cerca (Kulturzentrum)
6. Elevador da Boca do Vento
7. Jardim do Rio
8. Graffiti auf der Rua do Ginjal

ESSEN + TRINKEN

Restaurante Cabrinha, Beco do Bom Sucesso 4, 2800-677 Almada, Tel. +3 51 (21) 2 76 47 32, cabrinha.com.pt (bekannt für Fisch und Meeresfrüchte)
Restaurante Cova Funda, Rua Cândido dos Reis 101, 2800-270 Almada, Tel. +3 51 (21) 2 76 40 35 (typisch portugiesisches Restaurant, speisen in der pittoresken Fußgängerzone)
Restaurante Atira-te ao Rio, Rua do Ginjal 69, 2800-284 Almada, Tel. +3 51 (21) 2 75 13 80, atirateaorio.com (portugiesisches Restaurant mit grandioser Aussicht)

CACILHAS

Mal die Seite wechseln

Von überall in Lissabon blicken wir auf den Tejo und die andere Flussseite. Warum also nicht hinüberfahren und uns dort umschauen? Wir spazieren durch den kleinen Ortskern von Cacilhas bis zum Wahrzeichen von Almada: der Christusstatue. Danach geht es bergab ans Flussufer für den besten Blick auf den Sonnenuntergang hinter der Ponte 25 de Abril. Auf einer Restaurantterrasse am Wasser beobachten wir, wie nach und nach die Lichter in Lissabon angehen, und genießen das leuchtende Stadtpanorama.

Wir starten mit einer 8-minütigen Fährfahrt. Ab **Cais do Sodré** nehmen wir die Fähre nach Cacilhas, einem Stadtteil von Almada, Lissabons Nachbar von gegenüber. Cacilhas war einst das Zentrum des Schiffbaus und ist heute bekannt für seine vielen Fischrestaurants, und so werden wir genau von diesen direkt nach dem Verlassen des kleinen Fährhafens begrüßt. Ihre Terrassen sind oft voll, aber besseres Essen gibt es ein Stück weiter. Aus dem **Cabrinha** wurden vor 60 Jahren die Kabeljaukutter mit Wein versorgt, in den 1970er-Jahren wurde es zu dem berühmten Fischrestaurant, das es heute noch ist. 18 verschiedene Arten von Fi-

Blick auf Lissabon

Cacilhas

schen und Meeresfrüchten werden hier angeboten, alle von guter Qualität. Eine super Adresse, um typisch portugiesische Fischgerichte zu probieren, wie Tintenfischspieße mit Garnelen, Tomaten und Zwiebeln, Meeresfrüchtereis oder Açorda, eine Brotsuppe mit Garnelen.

Wer lieber etwas mehr vom Treiben im kleinen Ort mitbekommen möchte, setzt sich in die hübsche Fußgängerzone, den 1 **Ortskern von Cacilhas.** Dafür gehen wir vorbei an der hellblauen Kirche 2 **Igreja de Nossa Senhora do Bom Sucesso** von 1759. Ist die Tür offen, lohnt sich ein kurzer Blick hinein: blau-weiße Kacheln aus dem 18. Jahrhundert und ein vergoldeter Altarraum. Die Kirche ist eine

Blick am Jardim do Castelo de Almada

Ausnahme, denn auf der Rua Cândido dos Reis, die erst seit 2012 eine Fußgängerzone ist, reihen sich sonst Restaurants aneinander. Das **Cova Funda** ist hier schon seit mehr als fünf Jahrzehnten vertreten und hat viele Einheimische als Stammkunden. Der Fisch wird draußen zwischen Restaurant und Sitzplätzen unter freiem Himmel gegrillt. Dazu Kartoffeln, Gemüse, über alles Olivenöl und in der Hand ein leichter Vinho Verde. Hach!

Aber genug geschlemmt. Wir wollen ja spazieren! Unser Ziel ist die Christusstatue, die Almada überblickt, bis hinüber nach Lissabon. Dafür geht es 3 Kilometer bergauf. Wer möchte, kann ab dem Fährhafen den Bus nehmen, der kurz nach Ankunft der Fähre abfährt. Alle andere laufen. Wir nehmen die Rua Elias Garcia und stoßen bald auf die

Ruine der Burg von Almada. Das Gelände lässt sich nicht besichtigen, aber der umgebaute Burggarten ③ **Jardim do Castelo de Almada** ist heute ein Aussichtspunkt. Die eingelassenen Sitzmöglichkeiten in der Mauer bieten sich perfekt für eine Verschnaufpause an. Hier sehen wir, wie schön es ist, einmal die Perspektive zu wechseln.

Cristo Rei

Wir gehen weiter hinauf, immer geradeaus. Unsere Straße ändert zweimal ihren Namen und heißt nun Rua Capelão Leitão. Wir sind in der **Altstadt von Almada,** die sich deutlich von den hier sonst vorherrschenden Wohnblocks abhebt. Es geht vorbei an alten bewohnten Häusern, verfallenen leer stehenden Gebäuden und Bauten der 1950er-Jahre. Immer wieder treffen wir auf kleine Plätze mit oder ohne Bäume, viele Cafés, Imbisse, Minimärkte. Dann biegen wir rechts auf die Avenida do Cristo Rei ab – und sehen die Christusstatue ④ **Cristo Rei** schon vor uns, weit oben. Wer möchte, kann vorher schon durch Gassen und über Treppen im Zickzackkurs hochgehen.

Endlich oben angekommen, verschnaufen wir auf dem Vorplatz des Monuments, genießen den Wind und die wunderbare Aussicht. Hier hören wir gut das Rauschen und Dröhnen der sich knapp unter uns befindlichen Ponte 25 de Abril. Aber wir wollen ja noch weiter hinauf und nehmen daher den Aufzug im Betonsockel der Statue bis zu der Aussichtsplattform zu Christi Füßen. 1959 wurde die Christusstatue errichtet, ihr Vorbild war die Statue in Rio de Janeiro. Die portugiesische Version ist viel kleiner und nicht so eindrucksvoll für diejenigen, die das brasilianische Original kennen, aber der Rundumblick lohnt sich dennoch. Achtung: Hier oben ist es sehr windig! Der Christus steht auf einem 82 Meter hohen Betonsockel und ist selbst 28 Meter hoch. Die Statue wurde errichtet, da portugiesische Bischöfe 1942 im Wallfahrtsort Fatima das Gelübde ableg-

Blick von der Christusstatue

Casa da Cerca

Caféterrasse

ten, wenn sie eine Statue bauen ließen, bliebe Portugal im Zweiten Weltkrieg verschont.

Nun machen wir uns an den Abstieg. Aber nicht auf der gleichen Route wie auf dem Hinweg. Zuerst gibt es keine Alternative, also laufen wir die Avenida do Cristo Rei hinab; sobald es geht, biegen wir links ab. Nun spazieren wir weiter geradeaus und halten uns dabei links. Wir kommen vorbei am Friedhof von Almada, einem Theater, einem Sportplatz und einer bunt gefliesten Wand als Hommage an den von hier stammenden Schriftsteller Romeu Correia. Kurz dahinter erreichen wir unseren nächsten Halt: das städtische Kulturzentrum 5 **Casa da Cerca.** Hier werden wechselnde Ausstellungen zeitgenössischer Kunstschaffender präsentiert und im Sommer abends Konzerte veranstaltet. Aber der Palast aus dem 18. Jahrhundert lockt vor allem wegen seiner hübschen Gartenanlage mit Café und exponierten Lage hoch über dem Tejo. Wir gehen geradeaus durch das Tor und direkt auf die **Caféterrasse.**

Garten Casa da Cerca

An diesem besonderen Ausblick können wir uns nicht sattsehen! Aber es gibt noch viel mehr zu entdecken. Praktisch alle Räume der Casa da Cerca sind für Besucher zugänglich. Und dann ist da ja noch der **Botanische Garten,** der direkt neben der Caféterrasse beginnt. Er ist über 20 Jahre alt und rund 5000 Quadratmeter groß. Zunächst wurde er nur mit Obstbäumen bepflanzt, Jahre später folgte ein 100-jähriger Drachenbaum, der den Beginn für das wissenschaftlich-künstlerische Konzept des Gartens markierte. Heute finden sich hier über 200 Pflanzenarten. Nachdem wir alle Bereiche erkundet haben, gehen wir an der Mauer des Geländes entlang, um

Jardim do Rio

immer wieder durch die Luken Blicke auf den Tejo und Lissabon zu erhaschen. Wie schön, dass wir uns Zeit lassen können, denn hier ist es angenehm ruhig und nie überfüllt.

Nach einer ausgiebigen Besichtigung verlassen wir das besondere Kulturzentrum und biegen links in eine kleine Straße ein. Kurz darauf nehmen wir einen weißen Steg an einem leer stehenden Café vorbei bis zu einem gläsernen Aufzug. Der 6 **Elevador da Boca do Vento** führt uns mit Panoramablick kostenlos 50 Meter in die Tiefe – und wir stehen auf einer grünen Wiese direkt am blauen Wasser, dem 7 **Jardim do Rio.** Verschiedene Bäume spenden Schatten, Straßenmusiker den richtigen Sound und die Sonne taucht alles in goldenes Licht. Von hier aus können wir auf Lissabon im Sonnenuntergang blicken. Wir sehen die Denkmäler von Belém hinter der Brücke, weit entfernt das Gebirge von Sintra, den Stadtwald Monsanto, rechts die Lissabonner Innenstadt. Segelboote fahren vorbei und Kreuzfahrtschiffe. Mit Glück sichten wir Delfine, die manchmal im Tejo vor Lissabon vorbeischauen.

Graffiti Rua do Ginjal

Der Hunger treibt uns hier weg und wir gehen am Fluss entlang mit Lissabon im Blick. Als Erstes treffen wir auf die gelben Tische und Stühle des sehr beliebten **Ponto Final** mit Terrasse und kleinem Strand. Die Sitzmöglichkeiten sind teilweise sehr nah an der Kaimauer aufgestellt, sodass man bei Wellengang Spritzwasser abbekommt. Gigantisch ist die Aussicht auf die beleuchtete Brücke und die letzten Sonnenstrahlen. Die Spezialität des Hauses ist gegrillter Fisch. Direkt daran schließt sich das **Atira-te ao Rio** an. Von hier ist die Brücke nicht mehr zu sehen, aber Lissabon genauso gut. Vor allem abends und nachts haben wir hier eine überwältigende Aussicht auf die beleuchtete Stadt. Lecker sind die schwarzen Spaghetti mit Garnelen und Kirschtomaten.

Nun sind es nur noch ungefähr 10 Minuten Fußweg bis zum Fährhafen. Immer geradeaus über einen teilweise engen, oft unebenen und nachts nicht gut beleuchteten Weg, die **Rua do Ginjal.** Tagsüber sehen wir an den Mauern der verfallenen Lagerhäuser und Fabrikhallen 8 **bunte Graffiti.** Einige der halb eingestürzten Gebäude sind besetzt. Wer Lost Places und Street-Art mag, ist hier genau richtig. Bald wird dieser faszinierend-morbide Abschnitt allerdings verschwinden: Luxuswohnungen mit Lissabonpanorama sollen hier entstehen. Also schnell vorbeikommen, solange es noch geht. Am Hafen von Cacilhas nehmen wir die nächste Fährt zurück nach Lissabon. Die letzte Fähre legt um 1 Uhr 20 nach Lissabon ab, danach gibt es nur noch Wassertaxis. Wer etwas länger auf die Fähre warten muss, kann das am **roten Leuchtturm** hinter dem Fährbahnhof tun.

PORTUGIESISCHE TAPAS

Wer die traditionelle portugiesische Esskultur kennenlernen möchte, sollte in eine Tasca gehen, eine der vielen Tavernen. Sie bestehen meist aus einem einzigen Raum mit Holztischen und -stühlen, Papiertischdecken und Fliesen an den Wänden oder Plastikstühlen und -tischen vor dem Restaurant im Freien. Beliebt sind die Petiscos, *petiscos* ist das portugiesische Wort für Tapas. Jede Taverne hat sie. Dazu ein Bier vom Fass oder ein Wein aus Alentejo oder dem Douro-Tal und es wird ein guter und typisch portugiesischer Abend.

Petiscos ist zum Beispiel Tintenfischsalat, besonders im Sommer beliebt. Der Oktopus wird in Weißwein gekocht, mit Zwiebeln, Petersilie und Essig abgeschmeckt. Genauso populär sind Venusmuscheln mit Knoblauch in Weißwein und Olivenöl gekocht, mit Petersilie, Koriander, Butter und Zitrone abgeschmeckt. Oder ein Teller mit Garnelen von der portugiesischen Küste oder das gekochte und in quadratische Würfel geschnittene Fleisch Pica Pau. Und natürlich gebratene kleine Fische oder die vegetarische Variante: „Fische vom Feld“, Peixinhos da Horta, frittierte Stangenbohnen.

Aussicht am Cais do Ginjal

Muito obrigada, Constantino. Pelas dicas e pelos passeios. Sem ti, o livro não seria o mesmo.

Bibliografische Information der Deutschen Nationalbibliothek
Die Deutsche Nationalbibliothek verzeichnet diese Publikation in der Deutschen Nationalbibliografie; detaillierte bibliografische Daten sind im Internet über dnb.d-nb.de abrufbar.

Konzeption/Gestaltung/Satz: Droste Verlag, Düsseldorf
Einbandgestaltung und Illustrationen: Britta Rungwerth, Düsseldorf
Fotos: Christina Weise, außer: Casa do Alentejo: S. 42;
Museu de Arte Contemporânea – MAC/CCB: S. 115
Ein Dank geht an die Fundação das Casas de Fronteira e Alorna (S. 80).
Textlektorat: Christoph Nettersheim, Stein
Karten: Thorsten David, Bochum
Druck und Bindung: LUC GmbH, Greven

ISBN 978-3-7700-2604-3
droste-verlag.de